이지우 시집

부서지는 방식

부서지는 방식

인쇄 · 2025년 9월 24일 | 발행 · 2025년 9월 29일

지은이 · 이지우
펴낸이 · 한봉숙
펴낸곳 · 푸른사상사

주간 · 맹문재 | 편집 · 김수란, 지순이
등록 · 1999년 7월 8일 제2-2876호
주소 · 경기도 파주시 회동길 337-16(서패동 470-6) 푸른사상사
대표전화 · 031) 955-9111(2) | 팩스 · 031) 955-9114
이메일 · prun21c@hanmail.net
홈페이지 · http://www.prun21c.com

ⓒ 이지우, 2025

ISBN 979-11-308-2327-0   03810
값 12,000원

- 저자와의 합의에 의해 인지는 생략합니다.
- 이 도서의 전부 또는 일부 내용을 재사용하려면 사전에 저작권자와 푸른사상사의 서면에 의한 동의를 받아야 합니다.
- 이 도서의 표지와 본문 레이아웃 디자인에 대한 권리는 푸른사상사에 있습니다.

| 시인의 말 |

숲을 자주 오갔다.

비가 오나 눈이 오나,

새, 곤충, 나무, 풀 친구들이 늘 반기며 맞아주었다.

이곳은 삶과 죽음이 공존했고, 생존의 치열함도 대단했다.

긴 시간을 함께한 숲은 내 시의 종자가 되어

이렇게 시집 한 권을 묶게 해주었다.

숲에 감사함을 전하며……

2025년 여름 숲에서
이지우

| 차례 |

■ 시인의 말

제1부

북극곰의 하울링 13
부서지는 방식 14
숲 해설가 16
도돌이표는 왜 악보에만 있을까 18
시원에 갇히다 20
무서운 입 22
고장난 창 24
연기(煙氣) 26
징크스 28
눈 속의 안개 30
녹꽃 32
옥중화 34
소한의 하루 36
귀로 38
풍선효과 40

제2부

데이지 한 다발　　　　　　　　45
유일한 사랑　　　　　　　　　46
불씨 하나　　　　　　　　　　48
흔들리지 않는 돌멩이　　　　　50
잡초　　　　　　　　　　　　　52
민들레　　　　　　　　　　　　54
숨바꼭질　　　　　　　　　　　56
돼지 꽃씨　　　　　　　　　　58
귀를 세운다　　　　　　　　　60
외계어　　　　　　　　　　　　62
허니 가이드라인　　　　　　　63
복수초　　　　　　　　　　　　64
보랏빛 설화　　　　　　　　　66
생사경(生死境)　　　　　　　　68

| 차례 |

제3부

팽나무 도로 찾기	73
짙은 눈동자	74
굴뚝 건설업자	76
갈색 인연	78
사상누각	80
소유욕	82
성조가 되는 법	84
원점	86
환상 깨기	88
나르키소스	90
접힌 날개	92
날도래 건축가	94
공벌레의 일탈	96
옥색 고름을 풀다	98
오류를 일으킨 눈	100

제4부

그대의 작품 103
고통에는 끝이 있을까 104
근육질 나무 106
나무의 감정 108
공생 방식 110
겨울 수다 112
나목, 어깨가 기울다 114
담쟁이 벽화 116
모감주나무 씨앗 118
사라진 친구 120
갈참나무의 깊이 122
분홍 빙의 124
눈들을 알아버렸다 126
검은 그림자의 덫 128

■ 작품 해설 환경생태를 응시하는
　　숲 해설가의 탐사 일지 — 권영옥　　130

제1부

북극곰의 하울링

엘니뇨와 라니냐의 잦은 출현에 지구의 극과 극은
눈물바다지
가스, 가스 푸른 하늘에 띠를 두르는 어둠

만행은 만 길로 뻗어나가 만년설을 녹이고
토양 속은 부글부글 끓어 시금치 잎을 하얗게 만들지

지구 온도를 1.5도를 높이지 말자는 협약이나
그린피스의 외침이나
다 북극곰의 하울링 같은 허울

꿈결에서 초원을 걷고, 야생화를 만지고,
시 쓰는 손으로 푸른 지구를 생각해서 파키라를 심었지
죽음의 시간을 멈추는 투명한 수액
하지만

우리에게 넘치는 신성한 말 잔치는
'지구를 지키자'
그 구호가 검게 탄 지구 등걸에 흰나비를 그림자로
앉히는 것이 아닌가

부서지는 방식

모래톱을 거닐다가 밀물에 떠밀려 온 병조각을 보고
모서리를 갈아야 하는 바다의 고통을 느낀다

바다는 지구의 발가락 사이에 끼인 존재
폐선과 플라스틱에 찔려
살려달라고 애원하는 꽃게와 망둑어의 울음을 듣는다
인간과의 만남이 폐허라서
고래도 폐그물에 말려 호흡을 못 하고
물속으로 수장된다

쓰레기들이 해류를 따라 떠돌다 바다의 자식을 때리는 동안
해와 달의 외피는
물의 뼈를 다듬어 평평한 바닥을 만들지만
쓰레기 몸살을 앓는 신음은 여전히 들린다

모든 소리가 몰려오는 선창가에서
나의 수심은 어떤가
너는 바람과 염문을 자르면서 그대로 풍화되고 부식되었지

바라보는 나는 조각조각 난 염분의 시간이었다는 걸

서로를 위협하는 비탄의 시간이 지나갈 즈음
나는 병조각을 들고 가만히 바라본다

지느러미 하나 없는 바다의 흰 고요를 만들어낸 네가
이토록 반짝이는 비수라니.

숲 해설가

쌈지 뒷골목,
오래 묵은 된장찌개와 부추전을 앞에 두고
술잔에 들풀을 풀어 마신다

취기가 기억의 실타래를 올린다
그때 우리는 산자락에서 희귀한 들꽃에 시간을 끌었지
하늘소는 더듬이를 세워 쉰내를 찾아갔고
햇살도 정수리를 찔렀지

지루함은 그들 몫, 우린 마냥 그 자리

어쩌면 깊은 산속에서 길을 잃어버리길 바랐는지도 몰라
처음 보는 풀꽃에 돋보기를 들이대고는
서로 지지 않으려고 핏대를 올렸지

우리는 전생에 들꽃이었나, 그 들꽃이 우리였나
땅거미가 기어 오는 걸 보며
가슴에 꽃향기를 잔뜩 넣어 내려왔지

뒷골목에는 진눈깨비가 내리는데
아직도 그 산자락을 끌어안고 꽃의 만화경에 취해
엉덩이 뗄 줄 모르는 우리

도돌이표는 왜 악보에만 있을까

왜 나왔을까

몸의 빛깔은 숲에서 도마뱀을 지켜주었지만,
어린 네가 느린 걸음으로 무단횡단하면
빛 반사에 눈이 멀고,

바닥과 밀착되면
내리막에서도 바람을 압사시키지

전동킥보드 바퀴에 깔릴 확률은 수억만 분의 일이라지만,
밖으로 나가자고 꼬드긴 건, 형 도마뱀일까

유전자가 센서 고장으로 꼬리자르기에 실패해서

천변 아스팔트에서
무지갯빛으로 납작하게 누워버린 새끼 도마뱀

별똥별이 지는 그곳이 늘 궁금하다던 아이처럼

엄마에게 줄 풀시계를 찾겠다고 나와서

흰 꽃가루를 날리며 너는 하늘나라로 가는구나

손안에 온기가 텅 비어 풀꽃을 쥐어뜯는 나는

살아온 날외 저녁보다 더 많은 새끼 도마뱀별을 향해
두 손을 모은다

시원에 갇히다

경계를 모르고 겁 없이 동굴로 온 너는
석회암을 뚫고 한 마을을 수장시킨 후
지하의 이력을 쌓아 올린다
똑
똑

매 순간 자신을 쥐어짠 후
눈을 질끈 감고
수직으로 떨어지는
물기둥

하늘로 오르고 싶은 마음을 아는 천사는
언제나 네 편이지만
원시의 시계는 자꾸만 거꾸로 간다

빛 모으기 이전의 반딧불처럼
물방울이 자꾸 쌓여 반딧불의 조도를 떨어뜨리고
텅텅 소리를 내어 어둠을 출력시킨다

앞이 깜깜하다
너처럼 천장을 붙들고 사는 나는
죗값으로 평생 죽은 빛만 먹는 백선충

발가락이 희고 손도 희고, 신은 거짓말을 할 수 없게
내장을 훤히 비치게 했다

태어나기 이전부터 눈물이 산산조각 나야
물구나무설 수 있는 너와 나는
눈물을 길게 내리는 동굴 속의 종유석이다

무서운 입

양버즘나무 정수리에 전기톱이 날을 세워 잘라요
살아온 날이 벗겨진 나이테

태풍이 할퀴고 간 자국과
가뭄으로 바짝 마른 나잇살이 훤히 드러나요
칼바람이 살을 찢는 추위에도 자신을 지켜왔는데
순간에 쓰러지다니,

시치미는
닥치는 대로 나무들을 먹어치우는 돼지 입이죠

수십 년 동안 이슬과 밤공기로 겨우 연명하며
쌓아 올린 나무의 살점을 꿀꺽하다니요

주변에는 이런 시치미 때문에
허우적거리는 사람들이 얼마나 많은가요
사기당해 가족들이 한뎃잠을 자고,
눈 뜨고도 돈다발을 고스란히 갖다 바친 노인들

태초에 돼지는 한탕주의자였어요
죽어서도 절대로 절대로 만나서는 안 되는 톱날 입

생채기에 쓰린 나무는 이제 조금씩 푸른 정신이
들고 있어요

고장난 창

기찻길 옆 코스모스 위에 앉은 고추잠자리의 눈
이만 개의 창을 열고
아이를 바라보고 있다

다섯살박이 아이는 엄마가 낮잠 든 사이
활짝 열린 대문을 박차고
고추잠자리의 날갯짓을 따라 나선다

흰 꽃에 앉았다가 붉은 과꽃에 앉았다가,
발이 늦은 아이는
허둥지둥 눈에 불을 켜고
잠자리 날개를 잡으려고 손을 뻗는다

이백 킬로로 달려오는 고속 기차가 데려온 바람에
아이는 빙빙 도는 어지럼증에 하얀 얼굴이 되어
언덕으로 기어간다

흰 코스모스 꽃잎에 내려앉은 저녁 이슬
루비의 눈물을 머금은 아가의 볼 위로

굴러떨어진다

낮잠에서 깨어 화들짝 놀란 엄마는
아이 이름을 부르며
철길 쪽으로 달린다

골목의 구석구석을 지키는 눈은 모두
고개를 꺾고 있다

어디서 왔을까
엄마보다 먼저 온 들고양이가 어두운 꽃 속에서 레이저를 켠 채
졸고 있는 아이를 내려보고 있다

고추잠자리는 코스모스 꽃잎 밑에서 하루의 눈을 감는다

연기(煙氣)

장작은 처음부터 물을 안은 먹구름이었다

태어나서 천둥을 듣고 벼락에 맞은 나무는 타면서
연기를 보인다

난롯가에 모인 사람들은
한참 물관을 뿜어 올리던 나무가 타는 걸 보며
눈물을 쏟아낸다
바닥을 긁던 자신들의 삶에 비추어 보면
베어진 나무의 삶이 재로 사라지는 것이 마음 아프다

사방 가득 메운 연기
얽힌 실타래를 풀지 못한 나무는 불구덩이에서
풀썩 주저앉으며 아궁이를 빠져나온다
나무 타는 냄새가 구석구석 오래간다

물 뿌려도 야래향을 들여도 포효하는 짐승 냄새
먹구름이 슬퍼도 눈물 쏟아부을 데가 없다

재를 지우면
날아다니는 것들은 나비, 먼지, 불과 같아서 가볍다
새털구름이 베어진 제자리를 내려다본다

타래 뜯긴 채 떠다니는 걸 본 나무의 영혼은
아직은 자신이 살아 있다고 확신하는 순간이다

징크스

텃밭에서 황금 똥을 밟았다
고양이의 감각기관이 살아서 눈을 뻔쩍 뜬다

먹고 또 먹고 정신없이 먹는다
내장을 통과해서 나온 퀴퀴함은
내 콧구멍을 자극해 냄새의 문이 열리지

개코보다 냄새를 더 잘 맡는 내 코,
자동 센서의 감각기관을 원망하지만
한번 열린 문은 좀처럼 닫히지 않아 편두통에 시달린다

지구상의 동물군은 위아래 질서를 소중히 여긴다는데
인간이 질서를 흐트린대서야
그의 얇은 귀가 황금 똥을 잘못 밟아 손바닥만 한
텃밭에나 들락거린다

주는 대로 황금 알을 먹는 일은 참 쉽지
먹는 횟수만큼 후회가 길고 커

내장이 막혀 역류하는 고통을 맛보았지

배를 쥐고 있는 모습을 훔쳐보는 들고양이
옥수숫대 뒤로 몸을 숨기며 꼬리를 내리지

저리 가 저리!

아무리 소리를 부풀려도
호피 무늬는 조용조용 한발씩 다가온다
너를 보면 무슨 일이 생길 것 같은 두려운 매력

이 밭의 황금색은 세상 모든
눈과 귀를 홀리는 재주가 있나

눈 속의 안개

무거워진 눈꺼풀을 당겨 하현달을 그리고 있는 거미 한 마리,
내 눈 속에 집을 짓고 산다

안구에 실 무덤이 눈구석마다 자리해 글자에 거미가 대롱거린다

지난여름 중산간 길에서 안개 덫에 걸리던 날처럼
눈은 거미줄의 추락을 예고하며 비상등을 깜빡인다

인공눈물 한 방울 넣고 눈알을 굴려본다
그럴수록 안구 깊숙이 자리 잡은 거미

전 · 월세 사절,
빛바랜 레드카드 한 장

홑눈이 세상 회색빛을 다 감당할 수 없다
책 읽기에는 사망선고를 했고

눈이 닿는 세계는 안개꽃이 흐드러져 있다

날마다 너와 함께 잠들고 너와 함께 일어나,
나의 일상은 너의 일상이 되었다

뽀드득 소리가 나면 안구 껍질을 먹는 움직임
겉바람에도 사정없이 흔들리는
안구는 사막 한가운데를 걸어
물기 잃고
가장 가벼운 무게를 가진다

초록 영상을 다 빨아 먹고
가을 들판에서 마지막 힘을 다해 거푸집을 짓고 있는 너

  상현달이 눈동자 속에 내려앉아 거미집의 흔적을 지우고 있다

녹꽃

붉은 녹을 머금은 쇠기둥
해풍에 삐거덕거리며 둘레길의 안내자가 되지

그걸 보고 사람들은 데크길에 발자국을 남기며 입과 입이
쉴 새 없이 서로를 향하지

아슬아슬 절벽에 뿌리를 내리는 기둥
거기 기대어 소금꽃을 피우는 바닷물은 하얗다가
붉은 눈물로 변하지

부식된 발목
압력이 높아지고, 혈관이 터져 마침내 살갗이 떨어져 나가지
반짝이던 젊은 날은 잡을 수 없고
얼굴과 목에는 버섯꽃이 함박 피다 검게 주저앉지

깊은 밤, 앓다가 속살 위로 뼈가 툭 불거지면 세상이 잠잠,
생목숨의 한계인 거지

있지 않을 곳에 있는 대가로 서로 밀어내지 못하고 부딪
치다
내는 아우성, 그 쓰리고 따가운 데크길

옥중화

사월 한낮
생살을 찌르는 내 몸에 잔인한 햇살이 머문다

햇살도 축지법을 쓰는가
오미크론을 이곳에서 저곳으로 옮겨
한 개의 모세 가지에
모세혈관을 늘리며 휘문이를 하고 있다
몇 배의
예리한 발톱과 긴 손톱을 다는가 하면
피어난 꽃마다
목구멍을 갈기갈기 찢어놓기도 한다

오미크론은 번식력 강한 열꽃이다
상처가 왜 이리 깊은지 정신이 몽롱하다

태양이 아침저녁 뒤섞여 뜨는지 모르고
눈동자도 물길을 걸어 갔나 건조하고
처방전과 약 봉지가 방 안에 뒹굴고도 남아

휴지통이 임산부다

아침이 환각처럼 온다
주방의 작은 창으로 봄바람이 여지없이 들어선다

병의 유치장에 얼룩이 지워지니
짖은 몸이 미르기 시작한다

분홍의 시간,
왕벚꽃을 바라보고 있다
창살을 떼고

소한의 하루

비바람에 녹이 난 자전거에 엿판을 얹고
페달을 돌린다
피가 엄지와 중지 사이에 하얗게 얼어붙고
오금끼리 붙은 무릎은 펴지질 않아
우두둑 소리가 난다

엿가락이 바스러지고 나뒹굴어도
하루 삶의 이력을 만들어야 하기에
엿장사는 엿 사라고 목청을 높인다

먹자고 하는 일이 내 안에 끼어들어
터널을 만든다
어둠 속에서 겉과 속이 주먹질과 삿대질을 하든 말든
밖은 소한의 한낮이다

발목을 떠난 양말이
욕실 입구에서 발의 압력에 눌렸던 걸
호소라도 하듯 탑이 된다

진종일 추위와 겨룬 나는
발가락과 발목에 샤워기를 댄다
따뜻한 물줄기가 골수까지 파고들어 칼바람을 씻어 내린다

어둠을 가위질한 하루가
푸른 불씨* 아래 몽상의 후광을 입고
스르르 녹는다

소한이 대한으로,
엄동의 밀서를 작성하는 중이다

* d'Annunzio의 글 인용.

귀로

인창리 인창고등학고 뒷동네엔
아홉 채의 기와집이 있고, 외따로 떨어진 한 채가
엄마 집이다
처마 밑에서
보름달보다 더 큰 산왕거미가 거미줄을 치고 있다

세 살배기 동생을 떼어놓고 일을 나간 엄마의 빈자리에,
나방 한 마리 녹여 동생에게 준다
동생은 없는 손뼉을 치며 좋아라 헤헤거린다

해그림자가 뒤덮고도 남을 시간
동생은 이제 산왕거미 말고 다른 거미를 내놓으라고
집채가 떠나가도록 왕왕거린다

내 가슴팍을 겨우 붙잡고 있는 울음이 바람에 묻힐 때
거꾸로 선 갈참나무에서 산왕거미가 엄마 집으로
줄을 댄다

울음은 그치고
골목 끝을 달려오는 엄마의 발소리가 들리는 시간
동생의 심장이 펌프질로 나댄다
이 모습을 보고 있던 산왕거미도 제 아기 밥 먹여주려고
건넛집 추녀에 줄 댄 후 숲으로 간다

숲과 열 채와 울음이 한 이불을 덮고 곤하게 잠든 밤
세상이 잠잠하다

풍선효과

좀약 밴 옷을 꺼내 볕에 입으며
알뜰살뜰 모은들
야생마 같은 집값을 어찌 잡노

내가 누울 공간은 한 평이면 족한데
그것마저 안 되는 너덜한 수피
거울 너머에 비친 너의 집
유리벽에 양떼구름이 놀고 있다

문득, 오색 옷을 입고 있는 너
연초록의 옷과 넘치도록 투명한 옷 사이
너는 황금 관을 쓰고서
부처의 미소를 빌려 쓰고 있구나
영원한 것은 영원히 없지

애벌레가 악착같이 기어오르는 이슬의 집
너는 삶이 무거워도 훌훌 벗지 못하지
누군가에게 부러움을 산다는 건

당사자에게 광대의 고통이지
매연 뿌옇게 불어오는 도시의 한복판에서
유리벽을 깨부수고
빨래처럼 파란 하늘을 날고 있는
흰나비 한 마리의 집
그게 너의 운명이야

제2부

데이지 한 다발

탄천변에 흰 풀꽃이 피어나면, 또 그리움이 일어
카메라를 들고 나간다

렌즈는 흰 무리 빛으로 통과하는 누군가를
지켜보고 있어
어쩌면 우주를 떠도는 눈발이거나 희미한 띠거나
아니, 은하수로 오는 언니

기다림은 흰 꽃불의 마음을 낳아
탄천에서 세상에 없는 언니와 자주 포옹하곤 해

이젠 지워야 하는데,
지우개엔 마음이 없잖아,

노란 가슴이 흰 데이지 꽃다발을 보면 울게 돼

유일한 사랑

단 한 번 사랑은 무거운 정조대를 차는 일

배를 칭칭 매고 숲길을 배회하는 건
모시나비에게 산달이 다가온다는 것

그 무게에
죽을힘을 다해
냉이꽃 위로 날아다닌다는 건
날갯짓만이 천적을 피해
대를 잇는 몸부림이다

꽃 군락 위에
공중 곡예사가 되어
꽃잎에 스치듯 한 개씩 알을 낳는다

조산원엔
의사도 간호사도 없다
냉이꽃 한 다발씩 꽂힌 들판에서

혼자서 낳는다
나비는 홀가분하다

한낮의 햇살과
달빛이 전해준
정조대 이야기를 알에서 깨어나는 애벌레들에게 들려주며

내 어미가 그랬듯이
내 아비가 그랬듯이
단 한 번의 사랑으로 모시나비가 되는 일이라고,

불씨 하나

 이른 아침 잠을 깨운 빗소리에 우리는 양평 텃밭으로 향한다

 밭을 덮은 안개가 이 산 저 산을 옮겨 다니며
 얼굴을 수시로 바꾼다

 비말에서 말로,
 서로의 고막을 건드리다 뇌관을 흔든다

 크고 작은 터널을 지나
 마침내 칼이 기억 하나에 닿는다
 천둥과 번개를 동반한 벼락에 저 홀로 감전된 대추나무,
 겉과 속을 다 태우고 벌거숭이가 되어 나를 쳐다본다

 대추나무 음각으로 판 도장 이름 석 자에
 함부로 짙은 립스틱을 찍으면 안 된다고
 당부하는 말을 건성으로 들어
 집 한 채가 그의 좁은 어깨에 올라탔던 사건,

실오라기 같은 양평 텃밭 하나
그나마 거기에 서면 가벼워지는 어깨,

비 맞은 이파리들이 쑥쑥 나오고
동네 길냥이들이 다녀간 영역 표시가 밭고랑에 떠 있다

우리 땅은 모두의 땅인가,
언제 다시 기억을 헤집을지 모르는 작은 불씨 하나
안개 속을 걸어 나와
빗물에 스민다

호일에 싼 점심,
샌드위치와 불씨 한 채를 입에 욱여넣고 목젖을 뒤로 넘긴다

흔들리지 않는 돌멩이

나란히 걷던 사람들이 좌, 우로 흩어지고
어둠을 밀어낸 불빛 그림자가
내 발자국에 따라 붙는다

길어졌다
흐려졌다
진해졌다

어둠을 뚫는 소리만 물살에 묻히고
흔들리지 않는 돌멩이는
끈질기게 물속 구름을 만들며
지나온 세월만큼의 꼬리를 물고 있다
얼마나 가야 징검다리가 끝날까

돌다리에서 물풀을 바라본다
이번에는 두 발 올려 단단한 돌다리를 딛는다

초저녁 홀로 걷는 운중천의 고요가
가로등 불빛에 어려
어둠을 머금은 물살이 흔적을 지운다

작아졌다
길어졌다

잡초

바람에도 입이 있어
단풍나무 씨앗 하나 회양목 무리에 떨어졌다

따가운 눈초리에 마음 둘 곳 없어
바람으로 벽을 치고
목마르게 하늘만 본다

넉넉지 않은 살림에도 뿌리를 조금씩 덮어나갔다
틈과 틈 사이를 벌려 한 줌의 흙을 훔쳤다
신은 가뭄을 가뭄 속에 내버려두지 않았다

단비가 내렸다
실뿌리에 눈을 달아주었다

빛줄기를 더듬어 뻗는 이파리
줄기도 부풀려보았다

가지끼리 뒤엉켜 줄기를 키우는
회양목 집성촌에서 일가를 일구었다
숲이 넘실거렸다

안개비가 사방을 덮어
할아버지들은 모두 지팡이 없이 서 있지 못했다

백로 속에 까마귀든, 까마귀 속에 백로든,
잡초가 왕이 되는 숲의 세상도 있다는 걸 알았다

민들레

한밤,
수도꼭지를 틀어
내 온몸을 적셨다
젖은 이불로 밤잠을 뒤척이다
조각 빛살에 겨우 자리를 박차고 일어났다

열꽃이 과부하를 일으켜
씨앗 한 톨이 몸에 자리 잡았지만
대책없는 꽃샘추위가 싹을 자르고 황달을 들였다

파도도 집어삼킬 저 나이에 어쩌다 황달에 걸렸을까

지나가는 노인들의 헛말에
찢긴 마음은 땅 깊이 숨을 뿐이었다

그해 봄은 길지 않았다
바람이 가끔 찾아와 잎과 꽃대를 세워주고
겹겹이 껴입은 상처까지 어루만져주었다

이젠 땅에 수그린 보름달을 보면 다시 세운다
하늘로 날아간다

그녀 얼굴에도 노란빛 민들레가
떠간다

숨바꼭질

겨울을 달려온 깡마른 미소 한 다발이
숲에서 살살이 발걸음과 심장을 흔들며
과거로 시간 이동을 한다

허리 잘린 해가 산등성에 흩뿌릴 무렵,
볼은 핏빛으로 물들고 배꼽을 훔치는 웃음 속으로
문둥이 손이 쑥 들어와
꽃잎들은 화들짝 놀라며 입술이 파래졌던가

 그 시절 우리들은 뒷동산에 올라 술래잡기에 정신이 없는데도
 허기진 배는 제 혼자 연분홍 꽃을 식탐으로 내었지

푸르둥둥 보랏빛으로 물든 입술은
참꽃 마술에 걸려 산속을 뒤적이길 한나절
헛배 올라오는 혀끝에서 아릿한 진달래 향기를
반은 입에 넣고, 반은 주머니에 구겨 넣었지

허공엔 저녁밥을 챙기는 황조롱이가
정지 비행을 하며 하늘을 빙빙 돌고
우리는 문둥이가 무서워 뒤도 안 보고 단숨에
산길을 뛰어 내려왔지

주머니 가득 구겨 넣었던 배고픈 기억을 친구와 통화하며
뒷 숲길을 거닌다

저기, 한 무리 홍수처럼 몰려오는 참꽃들의 입술

돼지 꽃씨

순진한 척, 수줍은 듯
고개 숙여 사천 개의 꽃을 단 돼지에게
바람이 달콤한 비말을 튀기며
비밀의 문을 두드린다

하룻밤 사이, 그녀의 몸은
처녀성을 막지 못하고 새댁으로 바뀐다

여릿여릿한 몸으로 되돌아가기 위해
넓적한 두 손바닥을 붙여 기도를 하고
신께 뜨거운 호소도 하지만
땅속으로 스며든 여린 말은
씨앗이 되고
마침내 여물통에 돼지꽃으로 피어난다

전생이 남긴 이빨 자국에서 싹이 나
그 싹은 어눌해서
꿀꿀, 고교, 구규로 말한다

뒤뚱대는 말이 공중을 향해 날다가
여물통에 빠지는 순간

돼지는 눈만 껌뻑껌뻑
남은 말에는 썩은 냄새가 진동하고 있다
이 종족들
처음부터 먹이를 날씬한 꽃씨로 줘야 하나

귀를 세운다

소낙비는 바닥을 치며 열린 창문으로 들어와
잠자는 내 귓밥 먹는 소리에
반동으로 일어난 나는
층간 소음을 무시한
조카들을 향해 솜방망이를 들이댄다

커피포트 속에서
물 보글보글 끓는 소리가 너무 수다스러워
스위치를 확 내린다

수증기가 내 안경을 가려 세상이 뿌옇고,
나는 엄마의 무릎을 베고 귀를 배에 기대면
뱃속에서 시냇물 소리 졸졸
검은 머리 짐승은
그 냇물에 첨벙거리며 까르르 넘어간다

수도꼭지 레버가 사용 무제한에 열받아
쉬지 않고 오줌을 갈긴다

그릇과 수세미를 오가는 손등이 물폭탄을 맞아
벌.겋.다.

두 귀를 뭉친 소리는 의기양양하게 허리춤을 흔든다
세상 귀들은 유독 바깥 소리에만
강철 같은 나팔을 바짝 세우는 일의 종사자다

외계어

자작나무는 소란스럽다

바스락, 바스락
휘몰아친 눈바람에 큰 눈이 아프다고
죽은 이파리를 흔들고

몸통이 햇볕에 찔려 따갑다고
입에 거품을 문다

저 속을 모르겠어
나무의 언어는 해석 불가다

허니 가이드라인

참꽃나리 한 가지가 벙글었다

활주로를 따라 호랑나비가 들어간다

유도선에서 살짝 비껴 더듬더듬 핥는다

꽃잎이 안전하게 착지하라고 신호를
보낸다

꿀주머니가 불룩한 나비는 허니 가이드라인을 따라
활주로를 힘차게 날아오른다

항로를 이탈한다

꽃가루 배달 왔다고 백리향 꽃 문을 흔들며 소리친다

이웃 꽃에 분탕질하는 카사노바

나리꽃은 꽃잎마다 활주를 닫는다

복수초

한 뼘의 열정으로 겨울꽃을 피우지
한길로만 가는
고집불통이라 머리에는 노란 생각뿐이어서

땅 위에 얼굴을 내밀어볼까
추위, 북풍은 아직도 그 자리, 움츠리는데도
일장*은 찾아와 꿈을 부풀리고 흰 산을 밀어내지

흙더미는 우주에 기댈 수 있는 지지대
겨울옷을 찢고 더듬거리는 걸음마로
점,점,점
수정빛 산 위에 노란 꽃잎을 벌려 춤추게 하지

봄의 첫 꽃이 된다는 게 뭔 줄 아니,
산정에서 철 지난 낙엽 이불을 걷어내고
설인도 밀어내어
자물쇠에다 열쇠를 집어넣고 땅 위 세계를 내 마음대로
휘둘러보는 거지

저기 굴참나무 좀 봐라,
아직 겉껍질에 붙은 물때도 지우지 않고
노란 봄을 맞이하겠다고, 흠!

* 일장 : 1일 24시간 중의 명기(밝은 기간, 햇빛이 나는 기간)의 길이

보랏빛 설화

젓가락나물이 금대봉 오솔길에서 자주 소나기를 만나
향기를 잃었네

투구꽃도 꽃술과 꽃잎이 포옥 젖었네

보라색 꽃잎끼리 비를 밀어내기 위해
흐릿한 기억까지 뒤집어 보네

불안한 얼굴에 천둥과 번개까지 동원해
머리 위를 치던 날
빼빼 마른 다리를 가진 동생이 죽고
엄마의 팔이 떨어져 나가고,

내 영혼은 뜻밖의 사건에 윗옷까지 젖었네

셋은 비의 내막을 더 찾아내 입에 올리기로 약속했네

냉한 보랏빛 복색 앞에 비가 무릎을 꿇고
한 번만 봐달라고 읍소하네

그해부터 그 오솔길에는 야생화가 만발하기 시작했네

생사경(生死境)

집터를 제대로 잡으면
가슴에 먹구름 걷힐 날이 올까

십리포 바닷가에는
지층을 갉아대는 바람이
바위 틈새에 해국 씨 하나를 밀어 넣는다

터전이 싫지만 씨앗은 살기 위해
소원의 뿌리를 내린다

수백만 송이에 날개를 달게 해서
바다를 건너게 해달라고,

기도가 매일의 일과다

마음이 통한 지층이 힘을 실어줘
해국은 벼랑 위에서 꽃을 피운다

그러나 날마다 시퍼런 파도가 입 벌려 달려들고
해풍도 수시로 찾아와 꽃을 뒤흔든다

언제 떠날까
어디로 가야 하나
얼굴에는 마리나 해구보다 깊은 수심이 인다

이유 없이 우르르 몰려와 혀를 날름거리는 갈매기
꽃은 또 지층의 문을 두드린다

점점 파리해지는 해국의 낯빛
이제 죽는 건가

제3부

팽나무 도로 찾기

햇살이 들락거리는 오후
왕오색나비 애벌레는 팽나무 이파리를 먹는 도중

딱새 애벌레 녀석에게 강제로 세간을 점거당한다

배고픈 몸으로 허물을 벗는다는 건
무장무장 힘든 일

애벌레 녀석이 훔친 잎살로 겉옷 사 입는
행동을 보며
왕오색나비 애벌레는 제대로 살기 위해 제힘으로
명주옷을 짜 입는다

힘을 내 다시 팽나무 이파리에 가서 붙는다

딱딱한 협박에 집을 빼앗기긴 해도
그는 죽어도 팽나무 이파리가 제 우물 속이다

짙은 눈동자

깃털 하나 솜털 하나 어느 하나 검지 않은 게 없다
사해를 걷다 온 눈동자는 수심의 호수다

늙은 어미가 어린 자식을 위해 머리를 곤두세우며
쓰레기 더미에서 먹이를 찾는데
포식자의 눈길이 까마귀에 가 있다

내장을 먹을까,
가슴살을 먹을까
발아래 감기는 검은 기류에
매는 날개를 한 장씩 넘기며 번개처럼 까마귀를 낚아챈다

까악!
톱날 같은 발톱이 허공 한 자씩을 자르는 동안
피가 뚝뚝 떨어진다
어미의 기억에 든 숲 구석구석에는
썩은 살코기 한 점이 있지만

새끼는 이미 매의 발톱에 매달려 하늘 중심을 오르고 있다
어미도 빈 부리 까맣게 타들어 가며 죽음의 공기를 잡고
하늘을 오른다

굴뚝 건설업자

냇가 돌담 사이를 들락거리던 굴뚝새
우렁찬 지저귐이
얼었던 물줄기를 깨우며 골짜기를 흔든다

계류 위 물풀 사이와 돌담 밑을 뒤진다
암컷 한 마리는 꽁지깃에 귀를 달고
구십 도 각을 세워 굴뚝을 세운다

검은 부리와 깃털이 흙에 범벅이 될 무렵
사업 실패로 12평 남짓한 집으로 이사간 날
아버지의 눈동자에 굴뚝새가 날아든다

가난으로 얼룩진 그을음은 긴 겨울이 남긴 흔적
아버지는 새 굴뚝을 교체하느라 손등에
굴뚝새가 떼로 날아든다

식솔들 무얼 먹고 살았냐고
장작 살 돈 없어

가시나무 가시에 찔리지는 않았냐고,

헐은 양철지붕 틈에 햇살을 끌고 와 앉혀놓고
자식을 번식하고,
또 끌어안는다

험한 냉골 속의 훈풍을 의심하지 않는 꽃샘추위에
가족은 함께 굴뚝을 쌓아 올린다

갈색 인연

쭉정이만 달고 있는 겨울 갈대밭에 꿩 한 마리
속울음을 갈대 줄기에
채워놓았지

갈대밭이 다 들어주는 안전지대라고 생각했지
갈색 직조

그 순간 바닷바람이 갈대를 흔들어,
포수인가,
그는 땅에 엎드려 포수가 지나가기를 기다렸지
채머리를 흔드는 갈대 소리에
꿩은 자신이 이 밭의 경작자라는 걸 알았지

부리로, 항문으로 옮겨놓은 것이
발아와 생육을 거쳐
큰 목소리로 우는 어설픈 날갯짓,

소리가 그만 포수 귀를 세우게 했지

꿩은 흰 머리카락을 휘날리며 날아갔지
나도 꿩이 걱정되어 숨어드는 순간이었지
탕!
툭!

주검을 본 나는 안전지대 없는 안전을 찾아 길 떠났지

사상누각

파랑새는 상추아파트 아래 달팽이를 모아 전세를 놓았다

지상의 습기로 달팽이는 흙 속에 다리를 묻고 면적을 넓혀
상추 그늘에서 서툰 배밀이를 익혔다

그해 여름 긴 가뭄으로 지상의 푸른 잎마다
갈증으로 잎을 돌돌 말았을 적에
달팽이 얼굴에는 하얀 버짐이 피었다
느린 걸음마저 떼지 못하고 바사삭 부서졌다

사상누각

한 철 자신의 꿈을 이루려는 파랑새는
가가호호 상추 아래를 기웃거리며
으쓱 올린 어깨와 달리 눈을 내리깔면서
상추 아파트 자랑에 열을 올렸다

초호화 아파트를 만들어

한 채씩 주겠다는 약속, 그러나 갑자기 찾아온 폭염으로
주춧돌만 만들어놓았다

그는 누더기도 벗고 한여름 허세도
벗어놓았다
새롭지만 가느다란 깃털을 달고 고향집을 다녀와
다시 짓기로 했다

하루이틀 긴 장맛비에 주춧돌마저 떠내려가 버렸다

모래집은 아무리 만들려 해도 모래일 뿐이다

소유욕

한여름,
비를 피해 회양목 잎 뒤에 숨어 있는 큰광대노린재를 데려와
습도를 맞추고 새순으로 집을 꾸며주었지

건기에 123
순은 마름의 속도가 너무 빨라
너는 습기 있는 이파리 뒤에 매달려
아귀 쥔 힘으로 가을을 붙잡고 있지

피부는 겨울을 미리 맞은 느낌이라서
마른 잎에 몸을 밀착시켜
숨 고르기에 진이 빠졌는지
축 늘어져 있지

바쁘다는 건
신체 리듬을 거꾸로 돌려 염증을 키우는 일이지
허우적거리는 발걸음, 늦은 귀가,

밤을 낮처럼 쓰고도 모자라
아침까지 두드리는 자판
홀로 밤을 새우는 TV 소리와 함께
희미한 눈으로 스마트 폰을 터치하고 있는 나

마르고 야윈 몸을 덮은 가죽이
아직도 찾이야 할 것을 못 찾았는지
손을 뻗쳐도 벽에만 부딪힌다

잠옷 바람으로 뛰어나가 너를 세상 밖으로 보내준다

나의 관절염도 쉼을 원해서,

성조가 되는 법

피서객 발소리가 섞이는
한여름 강가의 자갈밭은,
흰목물떼새가 알 낳아 위장하기 좋은 곳이다

안개 속의 불빛과 어미의 체온이 스미어
깃털을 세우고 탯줄에서 바늘이 자란다

강바람이 여느 때와 다르다
늦태풍은 바닥을 뒤엎고, 자갈들이
나무와 풀의 창을 뚫는다
어미 새의 한숨이 깊다

어미의 심장 박동수로 크는 새끼들
실핏줄을 받아 깃털을 올리는데

남은 폭풍이 자갈을 굴린다

돌 틈에 몸을 맡긴 채

어미의 발소리를 들으며 다리에 근육을 살찌우는
노란 부리들

포복 자세로 돌을 쌓고
강바닥 자갈색으로 옷을 지어 입는 사이
어미가 사라졌다

자갈길을 따라 한 발자국씩 발을 떼는 흰목물떼새
어디로 가도 허공이다

어미를 찾겠다는 세월이
꽃물 흐르는 오늘이 되었다

원점

수천 물길을 가르는 배의 꼬리를 덥석 문
갈매기는 눈에 불을 밝히며
바람을 타죠

멸치 떼가 힘이 많이 빠져나가도
내장은 용틀임할 수 있죠

꼬리에 꼬리를 물고 달려오는 종족
먹고 먹어
저 거대한 바닷물 앞에 토해내고 있죠
저들을 보니
제 먹는 것에도 손을 얹지 않는
하찮은 나
그런 세월이 쌓여간 거죠

갈매기들이 섬 한 바퀴를 돌고 출발지에 도착할 때야
내가 떠나온 곳이 불현듯 생각났죠

채울 것이 없어 허방뿐인 종이 무게
돌아가지 못하는 세월의 문 앞에서 볼펜만
만지작만지작

갈매기는 옷을 훌훌 벗고 내장을 가볍게 털어내며
다른 곳을 향하는데

넣을 건 없어도 쓸 게 많은 나는 책상으로
돌아갈 때죠

남은 시간이 짧기만 하고

환상 깨기

들판에서 모이를 찾던 수꿩의 일가, 매의 눈이 하늘에서 쏘아보고 있어,
풀더미 속에 몸을 구겨 넣고 눈만 깜빡이고 있다

매는 하늘과 들을 관리하는 실권자
공중돌기가 끝나면 나무 정수리에 앉아 현미경 눈으로
깃을 꺾고 목소리를 높인다

힘이 쇠하기를 기다리는 꿩의 바람은 오직 숨겼던 발을
한 발씩 내디디며 고고한 몸짓으로 겨울나기에
깃 한 번 올리는 거

착각과 환상의 시간이 땅거미에 묻혀 제 속을 들여다보는 시간
겨울 들판에서 몸을 숨길 수 없이 튀는 날개

나는 꿩과 매의 모습을 화면으로 보다가 울긋불긋한 옷가지를

쓰레기통에 버린다

맨땅에서 무지갯빛 깃털을 뽐내는 것은 정 맞을 일

팔색조가
낮은 포복으로 기어 사무실 문을 열고는 아무렇지 않게
컴퓨터 앞에
앉는다 오늘의 운세가 정말 길하다

나르키소스

푸른빛이 도는 물총새의 날개에 카메라 렌즈를 맞추고
줌인, 줌아웃한다

물결치는 오로라의 세계

북극 하늘이 계곡으로 내려와 물총새 등에 앉는다
아무것도 모르는 새는
영역을 침범하는 다른 새들의 맥을 끊겠다고
총부리로 날개를 콕콕 찍는다
때까치조차 기겁하고 천리만리 달아난다

여름에서 가을로 바뀌는 계절
떠돌이는 함께할 친구가 없어 닿지 않은 부리로
등 푸른 깃을 열고 햇볕을 쬔다

젖은 마음은 마음끼리 통하더라
혼자 카메라를 메고 새들만 좇아다니는 내게 누가
와서 입에 홍시를 떨어뜨려줄까마는

물총새가 호수 위 나무로 나를 유인하며,

가지 위에서 물거울을 비추며 푸른 깃털을 빗질한다
물을 보고 있는 나도 그를 따라 하다가
오로라 핀 그때를 생각한다
물에 비친 조각 같은 얼굴, 그 위로 푸른 영상이 우리의
눈을 휘몰아쳤지
북극의 밤

푸드덕 푸드덕
영상이 조각나는 순간, 새 총부리가 때까치 목을 누르고 있다

접힌 날개

꽉 낀 공간 속,
날개는 서서히 변신한다
얇은 막이 일어나고 바깥 세상에 눈을 굴리며
탈출을 꿈꾼다

통 속에서 거꾸로 보는 세상은 박쥐가 날아다닌 협곡이다
벼랑에서 뛰어내리는
안개의 나날이다

또 머리를 내밀고
접힌 날개를 펴 눈을 멀리 보지만,
세상이 공룡의 이빨처럼 찌르고 덤빈다

다시 날개를 다잡고 몸을 칭칭 매달아
부활의 시간을 기다린다

낯선 벽에 꽉 붙어서 옷을 찢고 하늘을 날으려는 찰나는
실구름이 생명줄이다

날개가 말라버렸다
점검하지 못한 긴급 상황
먼 하늘 끝에서 때까치가 까맣게 밀려온다

숨은 벽에서 나비는 날마다
먼 세계를 향해 날개접이를 연습하고 있다

날도래 건축가

물길이 돌아 멈춘 웅덩이에는 물먹은 낙엽을 조각내는
건축가가 숨어 산다

창작공작소의 주재료는 낙엽과 모래알이다
자로 잰 듯이 낙엽을 잘라서 기관아가미로 모래알을 뒤섞어
집을 짓는 재주,

지구상에 하나뿐인 집 짓는 기술력은
자력으로 봄바람을 돌리고
꿈틀대는 초록을 물에서 밟고 돌칼로 자른다
이빨 속을 흐르는 조상의 피가 주도구인데
자주 바람을 탄다

이곳은 더 이상 기관아가미가 필요 없는 마침표 세상

지난 시간을 뒤로한 채 바람을 타고 떠나는 날도래

하늘 문이 열려

날도래는 다시 허공에서 구름집을 짓는다

구름을 찢고 짓이겨 부리와 발로 둥글둥글 뭉친다

그는 집 짓는 대목수, 하늘과 땅 천지간의 건축가다

공벌레의 일탈

건기에 갈대 습지를 나온 공벌레가 정자 앞에서 뒤집어졌다

어둡고 축축한 낙엽 더미에서 기어나간 벌레의 삶은 조각났다
한 번의 일탈로
등은 짊어진 갑옷의 무게 때문에 짓눌려 납작해졌다

땅바닥과의 충돌에 공이 된 벌레는
상처를 기억의 구석에 구겨 넣었다

서서히 굳어가는 몸,
터진 피부에서 나는 진물을 닦아주던 엄마

정자에서 이를 지켜보던 거미는 독니를 감추며 눈을 감는다
지눈이콩이 굴러오는 걸 보고도 못 본 척 감는 건
지구가 시계추를 늘리는 것보다 더 힘들고,
거미줄 치는 공을 잡아먹기 위해 참는 눈속임이다

다시 방어 자세를 취하며 재빠르게 퍼즐 조각을 맞춰가는 절지동물

구른다
구르면 산다

빗방울과 뒤섞어 길대 습지로 **구르는** 검은 공

뿌리를 찾아 젖은 흙을 파고드는 콩 한 알의 벌레
흙 속에서 뒤집힌 사고의 기억을 돌리고 있다

옥색 고름을 풀다

사과밭 전구 빛에 옷고름을 푸는 긴꼬리산누에나방
수억만 개의 물기둥 안에
육각 고리로 창살을 세운 그는 앞만 보는 돌진형

알 수 없는 갈증에 목말라 두리번거리고,
녹색 잎을 갉으며 나아가고

안타까운 속마음을 빗물에 씻고 세우며
잃어버린 오른쪽 가슴을 찾아 그는 산을 넘고 넘는다

그런 나방은
검붉어진 계절에 붙어서 죽음을 배회하는 기생의 삶이라서
눈발이 장막을 치기 전
사과나무에 붙어 깊은 잠(蛹)에 빠져야 한다
(사과도 하지 않고)

나른한 몸은 신호 체계가 기한을 넘겼다는 암시인가,

추락의 첫발이란 뜻인가,

급히 줄기로 시맥을 만들어 풀 먹인 적삼을 나방에게 입히며
그를 액자에 넣어 박제한다
긴꼬리산누에나방은 옥색 치마 너풀대며 밖으로만 나돌던 우리 할머니다
날개를 끌며 초상화를 향해 날아가는 나방

방 안 가득 들어찬 죽음 냄새
미동 없는 나비 날개가 전구 빛에 늦여름을 견디고 있다

오류를 일으킨 눈

부리로 들판을 쪼아대는 너는
다시는 넘지 못할 벽을 쪼아댄다
축 늘어진 목, 흐느적거리는 날갯죽지
1그램의 뇌를
차마 녹이지 못한 시간은
새의 눈꺼풀을 쓸어내리면서
네게도 천국이 깃들어 있어라고 말한다
나는
네 가슴에 백합 한 다발을 놓는다
먼 남극에서
밤의 깃털을 덮고
이전의 너로 돌아가길 빈다
바보야,
수확이 끝난 들판에 곡식이 널브러졌다고
그 죽음의 덫을 헤치고 쪼아 먹다니
들판으로 향하는 눈보라가 언 참새 부리를
덮고 간다

제4부

그대의 작품

대나무에는 손이 많다
백자 항아리에서 자란 대나무 손은
관객의 눈빛을 기다린다

백자를 향해 바람이 불어오면 대나무들은 숲이 되어
뭇 시선을 당기고,
눈길이 너무 뜨거우면 휘어지는 묘기로
효자손이 된다

뽀루지 이는 등,
기름기가 빠져나간 등을
북북 긁어주어 주름 잡힌 입에서
난초 꽃말이 피어난다

자신이 변하고서야 남의 등도 보이는 것을,

긴 밤, 당신 없는 미술관에서
항아리를 지키는 대나무 잎들
그 푸른 다족류가 부재의 무게를 달래고 있다

고통에는 끝이 있을까

백색 밤을 지낸 자귀나무가 있다

하늘소애벌레가 줄기에 들어와
톱 이빨로 힘줄을 끊고 모세혈관을 뜯는다

밤에는 눈알이 가지에 들붙어서 붉어진다

누렇게 뜬 자귀나무
줄기마다 부풀어야 할 꽃망울이 좁쌀이다

마른 봄 태풍이 지나가도
부채를 살랑이지 못하고
줄기의 진액을 쥐어짜 몇 방울 떨어뜨리지만
애벌레는 좀처럼 죽지 않는다

가지에 창을 내는 애벌레에게 다가가
넌 네 자기가 아니야

연두를 기다리는 그에게 자귀는 생즙을 마구
떨어뜨린다

근육질 나무

십리포에서 찍은 사진을 들여다본다

하나같이 근육이 단단한 서어나무들,
육질을 자랑하며 숲으로 들어간다

나무가 터를 닦는 동안
소나무에게 찔리고, 끈끈이에게 발목 잡혀 허리가
휘어질 정도로 고통스러웠다
박힌 돌을 빼내고서야 겨우 이룬 집성촌
이번에는 또
습기가 들이닥쳐 하얀 열꽃을 피운다

곰팡이 핀 가지, 말라 오그라진 잎, 파열된 근육을
덮은 너덜너덜한 수피
뼈가 훤히 드러난다

살자고 방어벽을 치는 나무가
사계절 날씨를 몸에 저장하느라 분주하다

비와 태양을 듬뿍 받은 이번 나이테에는
고르고 평평한 원이 그려진다
서어나무처럼 고른 마음의 근육을 키우기 위해
뭇사람들의 잘 여문 말의 씨앗을 받는데

휘어진 내 가슴이 피씩 웃고 있다
여름 한 철 잘 받은 말에는
어찌 무늬 하나 그려진 게 없냐고,

나무의 감정

늦가을 그 많은 노을을 다 먹은 숲이 헐렁해진다

큰상수리나뭇잎은 황금빛이었다가 핑크빛이었다가
황톳빛 벌거숭이로 서 있다

모처럼의 황금 휴면
알몸도 부끄럽지 않아,
눈을 꼭 감고 서 있으면 바람이 잔가지를 찢으며
나무와 나무 사이로 지나간다

이젠 혹한의 난기류에도
껍질의 감각이 무뎌지고
새의 부리가 후비고 간 자리에도
괴사되고 패어 눈물이 고여야만 하는데,

노을의 측정을 잴 수만 있다면
시간을 늘려 서서히 물들여도 되는데

한꺼번에 깨져버린 알록달록한 삶의 파편을
맞고 무뎌진 피부에 저승꽃만 무성한
당신의 얼굴에는
깊어지는 골짜기가 무수한 길을 내고 있다

갈수록 무거워지는 몸과 걸음걸이가
한쪽으로 기운 지 오래고
노을에 서서히 잠식당하는 몸

떨어진 비듬 속을 가만히 보면
바람 앞에 세월의 넝마로 서 있는
바짝 마른 나무 한 그루

늘 푸른 나무로만 서 있고 싶다고 말을 한들

배부르게 먹은 어제의 노을이 치명적이었다

공생 방식

가만히 있어도 덩굴을 휘감으며 올라오는 노박덩굴과
무던히 힘겨루기를 하는 우린 은밀한 분열인가

종이 달라 까칠한 성격 때문에
떨치려 하면 악력으로
줄기를 감고 조여 오는 힘

어쩔 수 없이 너에게 한쪽 어깨와 가슴을 내어주었지

땅속뿌리로 서로를 휘감고
줄기를 맞대 지나간 자리엔 골이 깊이 패고
떨치려 하면 할수록 키재기라도 하듯 기어오르지

줄기를 자르기엔 나이테가 굵어
서로의 눈을 자르며 모르는 척 보듬는다

푸른 잎을 키운 햇살과 바람이 키운 꽃에
벌들을 부르던 여름은 가고

누가 먼저였을까

도토리를 키워 다람쥐를 부르는 나
붉은 열매를 피워 새를 부르는 노박덩굴

식탁엔 도토리와 삶의 노래
두 시가 지나는 길목에시는
어떤 피가 돌아
센 눈빛을 죽이고 우린 하나가 되었을까

겨울 수다

앞 사람의 발자국을 지우며 걷는 산행

발가벗겨진 잔가지에 흰 눈은 수북해
때 묻은 흔적을 덮고 있다

더러워진 말에
눈을 밀어 넣은 숲은
뻣뻣한 가지들을 반짝이는 살얼음으로 덮는다

계절의 자전축이 북쪽을 향하고
찬바람이 숲에 와서
잎자루를 흔들면 겨울은 겨울대로 시끄럽다

다디단 씨앗을 먹겠다고 달려오는 까치가
나무 꼭대기에 앉아 있는데
떠나야 할 청서는 숲을 보며 운다

기공마저 닫고 숲에서 떠드는 겨울 수다를

하얀 머리 노인은
수레 가득 소리를 싣고 노을 산을 넘는다
바퀴 소리가 메아리로 돌아올 동안

흰 이불을 덮어쓴 겨울은
실뿌리와 체관을 닫고 차가워진 손도 놓는다
아침 볕 없는 질부 능선을 보며 서우 몸을 일으킨 그는

재잘거리는 새들을 숲에 부려놓자
혼 놓은 빙목(氷木)들만 즐비하게 서서 숲을 이룬다

나목, 어깨가 기울다

길이 없는 허공 길을 따라 눈이 아래로 향한다
바람이 가자는 대로
목적지도 없이

숲속 큰 갈참나무 가지에 내려앉는다

보송송한 한기에 벌떡 일어나 앉는 나무,
겹겹의 옷을 두르며 기침을 해댄다

그 아픈 몸으로
밤새 하느님의 수다를 다 받아주더니
바위에 짓눌린 듯
꼼짝없이 오한에 떤다

흰 옷을 입고 지상으로 내려오지 말았어야 했다
갈참나무의 어깨가 무겁다고 들썩인다

추위에 오랫동안 누워서

길 잃은 새들도 화르륵 당황한 눈치,
눈을 비비다 하느님을 물고 날아가버린다

흰 깃털이어도 오래 앉으면 나이테는 휘어진다
이 미몽의 한겨울에 귀를 쫑긋 세우며
몰아 눕는 자작나무

바람과 미조들이 놀다간 눈 숲에 대한이 진을 치고 있다

담쟁이 벽화

거리를 가득 메운 사람들
빽빽하게 들어선 빌딩들
별보다 많은 불빛들 사이로,

개구리 손이 붓 하나 들고 그림을 그린다
길을 그린다
사람이 없다

한적한 숲길이 그리워,

개구리 손이 붓 하나 들고 그림을 그린다
집을 그린다
지붕이 없다

지붕 위의 지붕이 숨 막혀,

개구리 손은 하늘을 그린다
별이 없다

별 하나 오롯한 하늘이 그리워,

지붕 없는 집에 누워
새까만 하늘에
나만의 별 하나를 그린다

까맣게 채워나간 하늘
아뿔싸,
별 하나 그릴 공간마저 어둠으로 비워버렸다

벽화 그리기에 지친
개구리 한 마리 폴짝 뛰어내려
담장 밑으로 숨는다

모감주나무 씨앗

밀물과 썰물이 물때를 늘였다 줄였다 하는 사이
잠영으로 수십만 킬로를 떠내려가는
모감주나무 씨앗이

태곳적 어미를 보자 눈동자를 세우며 환호하다
우럭의 무리에
곧장 뒤를 따른다
또 하나 삶의 기둥

그때 덥석,
치어가 씨앗을 물고 흔든다
조여 오는 이빨의 위압에 발버둥 칠수록 껍질이 찢기고
동공도 사각으로 돌아간다

삶과 죽음이 한 생각 속에서
맞닥뜨릴 때 모감주 씨앗은
치어에게 먹히는 죽음이 그를 살찌운다고 하지만
먹이사슬에서

포식자의 말을 누가 순순히 따를 것인가

나도 지렁이 알이라서
바람이 휩쓸면, 죽어야 할 운명
깜깜한 세상 속, 민무늬라서 근육을 키우고
세상의 무게를 견디기 위해 껍질을 뒤집어쓰고,
그러다 희미해져오는 바깥 문에 발을 준비한다

그런 그런 나는 먹이사슬의 꼬랑지에도 이름을 올리지 못하는
머나먼 꼬물이

사라진 친구

탄천과 운중천의 물소리가 모이는 곳에서
가래나무 한 그루가
빨간 입술을 내밀었다

밤사이, 너는 산사태로 흙을 뒤집어써서 뿌리가 뽑혔다
갈대가 그 뿌리를 감싸 안아서인지
제법 튼실한 겨울 코트를 걸치고 내게
눈인사했지만

여름에 다시 떠밀려오는 돌자갈과 흙탕물에
세상 처음 맞는 치명적 기억이
처음이자 마지막이 되었다

우산살이 휘도록 내리는 비를 맞으며
굽은 네 다리를 펴주던 그때가 생각나
없는 희디흰 발부리에 흰 손수건을 얹는다

이제 너는 내 가슴에 묻고 발길을 돌렸구나

내 아픈 마음을 풀 길 없을 때
네 앞에서 검은 입말을 술술 풀어냈는데,

말없이 손을 잡았던 우리

오늘처럼 비 내리는 날이면
네 모습이 가슴에 자꾸 달라붙어
아흔아홉 번의 다짐으로 마음의 다비식을 치른다

잘 가, 탄천의 내 친구 어린 가래나무야

갈참나무의 깊이

나무줄기는 구멍 뚫린 곳에 들어온 바람을 누른다
한쪽으로 살랑거리며 세상의 눈을 막는 바람

곧장 내보낸다

그 자리에 참새가 앉는다
또 바람인 줄 알고 자리를 내주지 않는 줄기,
까마귀들이 들이닥친다
떠밀어내는 것도 한계가 있어, 그는 타들어 가는 속을
참고 참는다
어쩌면 부리의 입질에 잎이 큰 상처를 입을까 봐
온몸을 들썩거려 검은 사자들을 떨어뜨린다

당신은 내 안의 갈참나무일까,

이웃들이 내 가슴에 준 상처를 핥아주고 문질러주면서
다시는 그들과 섞이지 말라고 하면서
헛기침한다

참말만 하는 갈참나무 당신

뒤웅박 치는 나를 제 몸인 양 끌어안고 입김을 분다

분홍 빙의

한낮의 더위를 피하러 억새 숲을 찾다가
야고를 만나고는
그만 다리가 묶인 채
단 한 발자국도 뗄 수가 없었어

위에서는 억새의 폭죽놀이가 한창이고
뿌리에서는 야고*가 자리 잡고

절대 홀로 클 수 없는 더부살이라서
야고는 억새에 기대어 핑크빛 사파이어처럼
얼굴을 뿡뿡거렸어

분홍빛 보석에 빙의된 사람들은
늦도록 하늘공원에서 넋을 잃고 허우적거렸어
입술과 입술이 필요한 이들은 야고의
노을빛에 대리 황홀을 느꼈고

나같이 흰 머리 억새는

돌아오지 않는 분홍빛을 그리워했어

통꽃 가득 메운 꿀물의 무게를 감당하기 어려웠던
보석의 한때가
잠깐 얼굴이라도 비추며 지나가길 바라면서,

* 야고 : 억새에 기생하는 식물.

눈들을 알아버렸다

큰 자작나무에는 수많은 눈이 산다
움푹 꺼진 눈
까맣게 달라붙어 숲 어디론가로 날아가는 눈
겨울을 나는 것들은
저마다의 현미경으로 세상과 마주하고 있다
줄기에 붙은 까치눈은 어떤가
겨울눈을 파내겠다고
아린*을 벗어버려 배속의 시력에 의지해
보릿고개를 넘는다
참새 눈도 줄기 끝에 앉았다가 생장점을 보고는
파쇄하겠다고 부리를 딱딱거린다
눈들의 신앙심은 깊다, 겨울 내내 자작나무만 껴안고
뜻 모아 빛 뭉치로 숲을 키우는 걸 보면
그런 나는 바닥에 굴러다니는 눈들이 무서워
숲 깊숙한 곳으로 숨는다
한때 검은 비문들이 기하급수적으로 늘어나
숲을 에워싼다
나의 시를 에워싼다

감당 못 할 흑백에 비정과 정
내 정신이 멍하다
유기 눈에 갇힌 숲 해설가가 큰 자작나무에 붙들려
눈을 감는다

* 아린(芽鱗) : 씩눈을 보호하는 단단한 비늘 조각.

검은 그림자의 덫

자작나무는 가는 숨구멍에 귀를 달고
지구의 좋은 처방전을 모으고 있지
지모신의 명답을 얻으려고 하늘로 잎을 펄럭이지만

간호사는 줄기에 주사기를 꽂고
수액만 쥐어짜지

장기마다 써나가는 노란색 사연은
습기 찬 줄기가 골다공증을 앓아 검게 변하고
쪼그라진 이파리도 기공을 열지 못해
풀썩거리는데
달팽이관마저 먼지가 쌓여
소리를 알아듣지 못할 지경
말하자면 속은 꽈리 풍선이지

  세상은 왜 내 편은 없고, 북쪽으로 길을 내는 반대편만 있을까,

악마를 잡겠다고
제 몸으로 햇불을 들고 소리 지르는 나무

빨리 나와!
온몸을 불태우기 전에,

흰불나방은 나오지 않고 농약병이 툭 떨어진다

| 작품 해설 |

환경생태를 응시하는 숲 해설가의 탐사 일지

권영옥

이상기후에 의한 환경생태계의 변화

이지우 시인이 첫 시집 『부서지는 방식』을 출간한다. 이 시집의 전 시편은 환경생태시로 이루어져 있다. 대개 시인들은 첫 시집에서 인간 삶의 고통이나 사랑 그리고 사회적 불평등에 관한 시를 쓰는 데 반해 이지우 시인은 주로 환경생태에 관한 시를 쓰고 있다. 환경생태를 향한 그녀의 피나는 노력과 집념은 시인으로서 최상의 환경생태계가 되었으면 하는 바람에서 비롯된 것이다. 그도 그럴 것이, 시인은 숲 해설가로 14년간이나 산과 숲속에 묻혀 환경생태만을 보고 탐사·탐구해왔다. 이를테면 이상기후에 의한 자연생태계 변화나 공해와 오염에 의한 생물종의 이동 경로 등에 관한 것이다. 노력의 결과가 마침내 한 권의 환경생태 시집으로 탄생하게 되었다.

환경생태시란 "자연계의 질서와 조직에 관한 전체 지식" 이라고 헤겔은 정의하고 있다. 그에 의하면 인간이 주도한 자본주의 물질문명은 환경을 손상시키고, 자연생태계를 교란하며, 과소비로 쓰레기를 양산하는 것을 의미한다. 인류는 이점을 해결해서 기존의 자연 질서로 돌아가고 싶어 한다. 하지만 산업화에 따른 기후변화나 국토 난개발이 초래한 자연생태계의 황폐화는 새 전략과 질서를 회복하는 구호만으로는 이루어지지 않는다. 산업기술 사회를 낳은 주체의 반성이나 환경생태의 황폐화에 대한 그들의 획기적인 대안 없이는 자연생태계가 기존 질서로 돌아가기란 쉽지 않다. 이를 인식한 이지우 시인은 시편에서 이상기후 현싱에 의한 생태계의 변화나 자본주의 산업화가 배출한 환경오염에 대해 인류에게 책임을 묻고 있다. 다시 말해 인류가 각 생명체의 본질적 가치를 잘 인식해서 파괴된 자연생태계를 복원해야 한다는 것이다. 이지우 시인 자체도 파괴된 동식물의 정황을 보면서 현실 그대로 시에 재현하지 않고, 그 대상에 대한 심상적 체험을 기반으로 느낌과 직관을 잘 살려 주제를 표현하고 있다. 이는 곧 자기 성찰로, 시인이 환경생태에 대해 치밀하게 자신을 객관화하고 있다는 뜻이다. 객관화를 통해 피폐한 자연생태계를 복원하고자 하는 기초 작업이 시인에게는 시쓰기의 목표라고 할 수 있다.

먼저, 기후변화와 환경오염 때문에 생긴 자연환경의 황폐화에 대해 살펴보고자 한다. 자연환경을 황폐화시키는 주범은 자본주의 산업화다. 산업화 과정에서 생기는 오염물질은 유기물을 부패시키고, 어패류의 호흡을 막는다. 그런가 하면 기상이변을 일으켜 남극과 북극의 빙하를 녹이고, 그 작용으로 해수면이 불규칙해지는 현상을 낳기도 한다. 그 피해는 고스란히 동식물과 인간의 몫이다. 이지우 시인은 죽어가는 동식물과 인간의 처참한 모습을 응시하면서, 각국의 환경단체나 자연보존 협약체의 결여된 책임의식을 비판하고 있다. 이를 반증이라도 하듯 시인은 현실적 체험과 상상적 체험을 통해 자연환경 보존이라는 '식물 심기'를 실천하고 있다.

> 엘니뇨와 라니냐의 잦은 출현에 지구의 극과 극은
> 눈물바다지
> 가스, 가스 푸른 하늘에 띠를 두르는 어둠
>
> 만행은 만 길로 뻗어나가 만년설을 녹이고
> 토양 속은 부글부글 끓여 시금치 잎을 하얗게 만들지
>
> 지구 온도를 1.5도를 높이지 말자는 협약이나
> 그린피스의 외침이나
> 다 북극곰의 하울링 같은 허울
>
> 꿈결에서 초원을 걷고, 야생화를 만지고,
> 시 쓰는 손으로 푸른 지구를 생각해서 파키라를 심었지
> 죽음의 시간을 멈추는 투명한 수액
> 하지만

> 우리에게 넘치는 신성한 말 잔치는
> '지구를 지키자'
> 그 구호가 검게 탄 지구 등걸에 흰나비를 그림자로
> 앉히는 것이 아닌가
>
> ―「북극곰의 하울링」 전문

　엘니뇨와 라니냐는 전 세계 기후에 큰 영향을 미치는 이상기후 현상이다. 먼저 이상기후는 극지방의 하늘에 가스 띠를 두르는 현상으로 나타나고, 남극과 북극의 "만년설을 녹"이며, 시금치잎마저 하얗게 변화시킨다. 비정상적인 기후 현상을 바라보는 시적 자아는 국세 환경단체의 협약이나 세계인들이 지구를 지키자고 하는 말 모두가 구호에 지나지 않는다고 한다. 그런데 이들이 "지구 온도를 1.5도 높이지 말자는" 구호를 내건다고 해도, 인류가 방대한 소비 생활을 지속하는 한, 그 구호는 결국 "흰나비를 그림자로 앉히는" 결과에 지나지 않는다. 혼령이란 그림자로 앉힐 수 없는 존재이다. 그런데도 환경단체가 그림자로 앉힌다. 그걸 보면서 시적 자아는 죽어가는 자연에 대해 깊은 인식을 하게 된다. 그 예로 시적 자아는 꿈속에서 "초원을 걷고", "야생화를 만"진다. 그런가 하면 현실 체험에서도 "파키라"를 심는다. 푸른 지구를 생각하는 시적 자아의 자연 사랑은 의식과 무의식에서 두루 나타난다. 시적 자아의 이런 행위는 자연 질서 회복이라는 간절한 마음의 표현이고, 야생 환경생태에 대한 탐사 기록이라고 할 수 있다.

　이지우 시인이 시를 통해 말하는 것처럼 우리 인간은 자연환경과 상호 관련을 맺으며 살아가야 한다. 그런데도 지금의 현실 상황은 그렇지 못하다. 이점에 대해 배리 커머너는 『닫힌 원 : 자연, 인간, 기술』에서 생명이란 '끊임없이 스스로 지은 집'이라고 비전을 제시하고 있다. 이 말은 곧 자연의 생태 존립을 위해 인간의 끊임없는 환경 개선 의지가 중요하다는 역설의 의미이다. 시인은 시에서 자연의 생태 존립을 실천하기 위해 인간의 무차별적인 소비 행태를 줄여야 한다고 말한다. 산업화에 의한 대량 소비재가 인간의 물질 소비를 가중시키고 있고, 인간들 또한 바다와 산을 오염시켜, 인간뿐만 아니라 어류, 동식물까지 죽음으로 내몰고 있기 때문이다. 시인은 자연생태계의 회복을 위해 인류가 현시대에 맞는 새로운 패러다임을 설정해야 한다고 「부서지는 방식」에서 말하고 있다.

   바다는 지구의 발가락 사이에 끼인 존재
   폐선과 플라스틱에 찔려
   살려달라고 애원하는 꽃게와 망둑어의 울음을 듣는다
   인간과의 만남이 폐허라서
   고래도 폐그물에 말려 호흡을 못 하고
   물속으로 수장된다

   …(중략)…

모든 소리가 몰려오는 선창가에서
나의 수심은 어떤가
너는 바람과 염문을 자르면서 그대로 풍화되고 부식되었지
바라보는 나는 조각조각 난 염분의 시간이었다는 걸

…(중략)…

지느러미 하나 없는 바다의 흰 고요를 만들어낸 네가
이토록 반짝이는 비수라니.

—「부서지는 방식」 부분

 이 시에서 보듯 폐기된 육지 환경이 바다로 유입되어 바다를 이용하는 인간과 그 바닷속에 사는 생물들까지 고통스럽게 하고 있다. 우리나라의 지정학적 위치상 사람들은 생태적으로 바다와 밀접한 생활을 할 수밖에 없다. 직업으로는 배를 이용한 어업 활동, 조개 채취, 양식업에 종사하는 것 등이다. 사람들이 어업 활동을 하는 과정에서 '폐선'이 바닷속에 수장되고, '플라스틱' 형성물이 바다 위로 둥둥 떠다닌다. 그런가 하면 어업 활동 중 유기된 폐어구 또한 바다 생물의 몸을 옥죄기도 한다. 인간이 바다 생태의 다양성을 절멸시키는 것은 인간의 특성이 "폐허"이기 때문이다. 보다 못한 시적 자아는 모성과 부성의 근원을 이용해 죽어가는 바다를 다독인다. 그런데도 바다는 계속 피폐해져 "꽃게와 망둑어"가 울고, 고래가 바다 밑으로 수장되는 현상이 일어난다. 산업화와 과학기술의 부산물이 바다로 유입되어 바다생물은 피해를 입

고 있다. 결국 그들은 죽어 부패하고 풍화된다. '흰 고요'로 비유되는 바다는 '죽음'의 터전이고, '혼령'의 주거지다. 죽은 바다를 바라보는 시적 자아의 가슴도 "염분으로 조각조각"나 있다. 이러한 비유적 표현은 마침내 "반짝이는 비수", 즉 역설로 이어지면서 바다생태를 위협하는 인간의 반성과 성찰을 강조하고 있다.

사물과 생물, 생물과 인간관계를 통해 보는 생태계의 황폐화

왜 이지우 시인은 다른 시인에 비해 생태계가 파괴되는 것에서 상실감과 박탈감을 느끼는가? 또 왜 바다에 죄스러워하는가? 다음 시를 살펴보면 그 해답을 알 수 있다.

> 그때 우리는 산자락에서 희귀한 들꽃에 시간을 끌었지
>
> ……(중략)……
>
> 어쩌면 깊은 산속에서 길을 잃어버리길 바랐는지도 몰라
> 처음 보는 풀꽃에 현미경을 들이대고는
> 서로 지지 않으려고 핏대를 올렸지
>
> 우리는 전생에 들꽃이었나, 그 들꽃이 우리였나
> 땅거미가 기어 오는 걸 보며

가슴에 꽃향기를 잔뜩 넣어 내려왔지
　　　　　　　　　　　　　―「숲 해설가」 부분

　이 시에서 시적 자아는 처음 보는 들꽃을 깊이 탐사하고 있다. 다른 숲 해설가도 시적 자아와 마찬가지로 새로운 들꽃에 대한 탐구심이 강하다. 이들은 들꽃을 서로 관찰하겠다고 옥신각신하고 "현미경을 들이대고서는 핏대를 올"린다. 이를 보다 못한 시적 자아는 차라리 모두가 깊은 산속에서 길을 잃었으면 하고 바란다. 환경생태에 대한 그들의 열정이 얼마나 강했으면, "우리가 전생에 들꽃이었나", "그 들꽃이 우리였나"라고 할 정도일까. 시적 자아는 이 시에서 '들꽃'과 '숲 해설가들'을 동일시하고 있다. 만약 열정이 없는 숲 해설가들이라면, 관찰이 없고, 꽃에 대한 감응력도 없을 것이다. 따라서 환경생태에 관한 그들의 탐사나 탐구도 없을 것이다. 이지우 시인도 그들처럼 자연생태계가 파괴된 것이 마치 자신의 죄인 양 죄의식을 느낀다. 또 시인은 국가든 집단이든 국토개발이라는 명분 아래 자연생태계의 다양성을 파괴하는 자연의 합법화를 우려하고 있다. 각각의 생물체는 자연 그대로 자유롭고 자생적인 존재이다. 그런데 국토 개발의 소유 주체는 자원 체계의 특성을 고려하지 않은 채 집단 이익을 따져 사물과 생물을 결합시킨다. 이러한 결합은 자연 유기적 과정에서 자생하는 힘이 차이에 의해 갈등이 증폭된다는 점이다. 파괴된 자연생태계를 보면서 이지우 시인은 소유 주체의 행태에 대해

상실감을 느낀다.

생물체와 생물체의 부조화는 환경생태계를 파괴하고, 생물체의 변형을 초래한다.

> 부식된 발목
> 압력이 높아지고, 혈관이 터져 마침내 살갗이 떨어져 나가지
> 반짝이던 젊은 날은 잡을 수 없고
> 얼굴과 목에는 버섯꽃이 함박 피다 검게 주저앉지
>
> 깊은 밤, 앓다가 속살 위로 뼈가 툭 불거지면 세상이 잠잠, 생목숨의 한계인 거지
>
> 있지 않을 곳에 있는 대가로 서로 밀어내지 못하고 부딪치다 내는 아우성, 그 쓰리고 따가운 데크길
>
> ─「녹꽃」 부분

이 시에서 해상 관광 탐방로는 지역 개발의 주체가 바다와 섬의 절경을 감상할 수 있도록 만든 해안 둘레길이다. 사람들은 데크길에서 명상의 즐거움을 얻고, 고단한 몸과 마음을 쉬는 휴식의 효과도 얻는다. 하지만 이들의 의도대로 해안 산책로가 사람들에게 즐거움만 주지 않는다. 데크길의 교각은 염분에 절여져 "혈관이 터지고", 해풍이라도 치면 "녹슬거나 부식되어 버섯꽃"이 핀다. 데크길의 문제점은 "있지 않을 곳에 있는 대가"에서 비롯된다. 그들의 의도와 달리 바다는

바다 그 자체만으로도 의미 있는 곳이다. 그런데도 개발 주체가 바다 위로 해상 관광 탐방로를 만들었으니, 교각은 파도에 부딪치고, 염분에 노출되어 녹꽃을 피우게 된다. 해상 관광 탐방로의 개발 주체는, 데크길이 자연생태계를 파괴하지 않고, 안전하게 산책할 수 있다고 말한다. 하지만 바다란 사람들의 말처럼 문제점이 없는 곳은 아니다. 바다에는 자주 이변이 일어나고, 쓰레기에 물고기들이 진통을 겪는다.

한편, 농민들은 작물 수확 증진을 위해 논에 유독 물질을 살포한다. 그 때문에 새들이 죽어가고, 농토 또한 오염되어 자연생태계는 크게 파괴된다. 농축된 곡식을 먹는 이들 역시 갖가지 질병에 걸린다. 존 토크의 말처럼 우리 인간이 자연에서 이윤의 극대화를 노리게 되면 그 자연에는 노동이 섞여 있어, 그것을 마치 자기의 소유물로 여긴다는 것이다. 거기에 합당한 시가 「오류를 일으키는 눈」이다.

> 바보야,
> 수확이 끝난 들판에 곡식이 널브러졌다고
> 그 죽음의 덫을 헤치고 쪼아 먹다니
> 들판으로 향하는 눈보라가 언 참새 부리를
> 덮고 간다
>
> ─「오류를 일으키는 눈」 부분

위 시에서 시적 자아는 식량 증진을 위해 살포한 유독 물질 때문에 새가 죽어가는 정황을 포착하고 있다. 새가 죽는 상황은 노동이 자연에서 행해지는 것이 아니라 생태계를 파괴하는 행위이기 때문에 비노동 상태라고 할 수 있다. 이 말은 농민이 새를 소유물로 여기지 못한다는 뜻이다. 그 예로 참새가 "죽음의 덫을 헤치고" 먹잇감을 쪼아 먹다 죽는 게 그것이다. 그 죽음에는 인간의 노동이 들어 있는데도 불구하고 인간은 새의 생명을 재생하지 못하고 오히려 새를 죽게 한다. 결과 죽은 참새의 부리는 얼고, 그 위에 다시 눈보라가 부리를 뒤덮고 간다. 죽은 새의 형상을 보면, 자연에 대한 인간의 존엄성이 절멸된 상태라는 것을 알 수 있다. 새의 죽음을 체험한 시적 자아는, 새가 인간을 신뢰하는 데 반해 인간은 왜 죽은 새를 하나의 조류로만 여기는가 한탄하고 있다. 인간을 신뢰하던 새가 오히려 인간에 의해 죽임을 당했기 때문에 시적 자아는 그 새를 향해 '바보야'라고 부른다. 동시에 '오류를 일으키는 눈'이라고도 말한다. 오류를 일으키는 미련한 새를 일러 시적 자아는 알라존, 즉 아둔한 "바보"라고 말한다. 하지만 새의 이면에는 신뢰가 깊고, 스스로를 낮추는 순수한 면도 있다. 따라서 이 시는 겉의 우둔함과 이면의 순수성이 서로 대립 상태에 놓여 있어, 언어적 아이러니 기법이라고 할 수 있다. 이지우 시인은 새의 순수한 이면을 통해 농토에 유독물질을 뿌린 농민들을 비판하고 있다(「오류를 일으키는 눈」).

    한편, 인간은 과학기술의 혁명 아래 삶의 풍요를 누리고 편리함을 추구하기 위해 자연 개발을 서두른다. 다른 말로 바꾸면, 인간이 '물질적 진보'에 정당성을 부여한다는 뜻이다.

딜레마에 빠진 곳이 바로 산림 분야다. 산림 분야는 자연의 한계성을 뛰어넘어 재생산과 생태계 파괴라는 양극단의 미묘한 문제를 안고 있다. 왜냐하면 인간이 자연을 증식하는 과정에서 생기는 화학물질은 나무와 땅을 더 이상 재생할 수 없는 자원으로 변모시키기 때문이다. 화학물질은 나무와 나무 간의 감수성 차이에서 해가 되고, 또한 섞이는 농도에 따라서도 생리적 해작용을 일으킨다. 아래 「검은 그림자의 덫」에서 나타나는 나무는 농약에 오염되어 경제적 가치가 없을뿐더러 병에 시달리고 있는 정황을 잘 보여주는 예이다.

> 장기마다 써나가는 노란색 시연은
> 습기 찬 줄기가 골다공증을 앓아 검게 변하고
> 쪼그라진 이파리도 기공을 열지 못해
> 풀썩거리는데
> 달팽이관마저 먼지가 쌓여
> 소리를 알아듣지 못할 지경
> 말하자면 속은 꽈리 풍선이지
>
> 세상은 왜 내 편은 없고, 북쪽으로 길을 내는 반대편만 있을까,
>
> 악마를 잡겠다고
> 제 몸으로 횃불을 들고 소리 지르는 나무
>
> 빨리 나와!
> 온몸을 불태우기 전에,

> 흰불나방은 나오지 않고 농약병이 툭 떨어진다
> ―「검은 그림자의 덫」 부분

이 시에서 시적 자아는 병충해 입은 나무를 인간화해서 삶의 고통을 드러내고 있다. 병든 나무는 고통에서 벗어나기 위해 귀를 지구에 대고 그들의 대화를 엿듣는다. 또한 땅을 지키는 지모신에게도 명약을 얻기 위해 기원 형식을 취한다. 그런데 나무가 아무리 병든 몸을 고치려 해도, 병충해를 방지하는 주체의 대안이 없다면, 관리 주체는 계속 나무들의 "줄기에 수액을 꽂고 수액만 쥐어짜"는 형국이 된다. 이 외에도 나무는 "골다공증으로 잎이 검게 변하"고, "달팽이관마저 먼지가 쌓여 세상 소리"를 알아듣지도 못한다. 모든 것이 고통스러운 나무는 "세상은 왜 내 편은 없고, 북쪽으로 길을 내는 반대편만 있"는가 하고 노란색 사연을 써내려간다. 이 시행에서 '북쪽'은 '죽음'을 상징한다. 그렇다면 자작나무를 죽음에 이르게 하는 원인은 무엇일까? 시적 자아는 죽음의 원인이 '악마', 즉 흰불나방이라고 한다. 흰불나방은 어린 자작나무의 아랫부분에서부터 병을 키워 위로 균이 퍼지게 한다. 이 흰불나방이 바로 숲 생태계를 파괴하는 주범인 것이다. 흰불나방으로 인해 나무에서 농약병이 툭 떨어진다. 그 지점에서 시적 자아는 암시를 통해 숲 정책 주체가 숲을 살리는 근본 대책도 없이 화학물질만 사용한다고 비판한다.

파괴 이전의 자연생태계, 그 회복을 위한 모색

이지우 시인은 시에서 자연생태계 파괴 이전, 즉 생물과 생물 간의 공생 관계, 인간과 생물 조화의 관계로 다시 돌아가고 싶어 한다. 원래 자연은 인간과 동식물이 서로 공생, 기생, 경쟁 속에서 동반 성장하거나 도태되는 가운데 변한다. 이러한 관계의 변화가 자연의 원리이자 순리이다. 하지만 현대사회가 산업화와 소비재 사회로 변화하는 과정에서 자원 소비는 급증하고, 산업화의 화학 부산물은 바다나 강으로 대량 배출된다. 따라서 자연생태계는 인간에게 불안정하고 황폐해진 실상을 보여주고 있다. 이러한 실상에서 보면, 현대사회가 자연과의 조화가 아니라 역리 관계에 놓여 있다고 할 수 있다. 이지우 시인은 자연생태계의 피폐한 모습을 보고 개발 이전의 기존 질서로 복귀해야 한다고 주장한다. 개발 이전의 생태계는 생물과 생물이 공생, 기생, 경쟁 관계에 놓여 있어, 자연스럽게 도태되거나 번성하기 때문에 자연생태계의 자율성을 유지할 수 있다. 그런데 현대사회로 오면서 자연생태계는 그 자체의 자율성보다 인간에 의해 재생산되는 생식 질서로 취급당하고 있다. 시인은 자율성 있는 자연생태계의 기존 질서를 시에 재현하기 위해 시적 감흥의 대상을 탐사하고 그 대상에 상상력을 가미해서 새롭게 형상화하고 있다.

통 속에서 거꾸로 보는 세상은 박쥐가 날아다닌 협곡이다

벼랑에서 뛰어내리는
안개의 나날이다

또 머리를 내밀고
접힌 날개를 펴 눈을 멀리 보지만,
세상이 공룡의 이빨처럼 찌르고 덤빈다

…(중략)…

숨은 벽에서 나비는 날마다
먼 세계를 향해 날개접이를 연습하고 있다
—「접힌 날개」 부분

 이 시에서 나비와 곤충의 관계는 기생하거나 공존하는 게 아니라 서로 경쟁하는 사이다. 먼저 나비는 자연계의 피라미드에서 2차 소비재인데, 외부에서 영양을 섭취해야 하는 특징을 지니고 있다. 나비가 먹이 활동을 하기 위해서는 먹이사슬 상층부에 위치한 박쥐의 굴을 지나가야 한다. 이 굴을 통과하는 것이 나비에게는 벼랑에 뛰어내리는 것보다 더 공포스럽다. 이 때문에 나비는 다시 "숨은 벽"으로 들어가지만 본래 생명을 가진 존재는 곤충의 특징을 거스를 수 없어 재도전에 나선다. 나비의 비상은 "접힌 날개를 펴 눈을 멀리 보"면서 난다. 이때 모든 세계가 "공룡의 이빨처럼" 자신을 찌르고 덤비는 듯하다. 공포를 경험한 나비는 다시 '숨은 벽'에서 "먼 세계를 향해 날개접이를 연습하고 있다". 나비의 이 같은 행위는 먹이사슬의 상층에 존재하는 조류에게 자신이 잡아먹히든, 먹히지 않든 외부 환경에 적응해나가야 하는 하나의 반응이고, 고통이다.

한편, 다양한 자연생태계에서는 곤충이 식물에 기생하는 경우가 있다. 기생이란 자연생태계의 동식물들이 살아가는 다양한 방법의 하나로, 곤충이 숙주인 나무속에 살면서 그 나무에 폐해를 끼치는 것을 의미한다.

> 사과밭 전구 빛에 옷고름을 푸는 긴꼬리산누에나방
> 수억만 개의 눈기둥 인에
> 육각 고리로 창살을 세운 그는 앞만 보는 돌진형
>
> …(중략)…
>
> 그런 나방은
> 검붉어진 계절에 붙어서 죽음을 배회하는 기생의 삶이라서
> 눈발이 장막을 치기 전
> 사과나무에 붙어 깊은 잠(蛹)에 빠져야 한다
> ―「옥색 고름을 풀다」 부분

이 시에서 곤충은 나무에 기생하는 존재로서 그 나무에 전적으로 폐해를 입힌다. 사과잎이 누렇게 떨어지고, 사과도 점박이가 된다. 이러한 기생도 자연생태계의 한 원리라서 균

형을 잡는 데 중요한 역할을 한다. 비록 기생하는 누에나방이 사과나무를 갉아 먹고, 누렇게 병들게 하는 폐해를 입히지만, 자연생태계에서 보면 이 나방은 생명의 다양성을 만들고 균형을 잡는다는 점에서 필요악이라고 할 수 있다. 옥색긴꼬리산누에나방의 기생은 사과나무 전구에 옷고름을 푼다. 그 옷은 옥색 빛으로 빛나 매우 아름답다. 그뿐인가 그는 "육각 고리로 창살을 세워" 앞으로 나가는 저돌적인 모습까지 보인다. 그런데도 나방은 나무가 검붉어지는 계절을 만나면 자신도 같이 "죽음을 배회"해야 한다. 이것이 기생적인 존재의 고통이다. 이를 통해서 보면 기생적 존재는 사과나무에 과도한 폐해를 주면 같이 멸절한다는 것을 인식하고 그 나무를 잃어버리지 않기 위해 지속 가능한 관계를 모색하고 있다.

> 참꽃나리 한 가지가 벙글었다
>
> 활주로를 따라 호랑나비가 들어간다
>
> 유도선에서 살짝 비껴 더듬더듬 훑는다
>
> 꽃잎이 안전하게 착지하라고 신호를
> 보낸다
>
> 꿀주머니가 불룩한 나비는 허니 가이드라인을 따라
> 활주로를 힘차게 날아오른다
> ─「허니 가이드라인」 부분

자연생태계에서 공생 관계를 가장 잘 드러내는 것이 꽃과 곤충의 관계 아닐까. 이 시의 소재처럼 참꽃나리와 꿀벌의 관계는 건강한 자연생태계를 가장 잘 대변해주는 사례이다. 동물과 식물의 관계든, 인간과 동식물의 관계든 공생은 전 자연생태계에서 가장 중요한 역할을 한다. 하지만 현대사회로 오면서 생물 다양성의 문제는 각각의 생물체의 조화를 붕괴시키는 자기 멸절에 이른다. 왜냐하면 자연생태계는 한 유기체만 번성한다고 해서 번성해지는 게 아니다. 이렇게 되면 자연생태계는 다 같이 죽기 때문이다. 그렇다면 자연생태계에서 지정한 공생이란 어떤 관계인가? 공생에는 생물과 생물의 관계 속에서만 생명 기능이 일어나는 상호 생명 현상이 있어야 한다. 우호적인 관계의 유기체들이 서로 결합해야만 자연은 복잡다단한 균형을 유지할 수 있다. 가령, 참꽃나리와 호랑나비와 같은 관계이다. 참꽃나리는 종족 번식을 위해 수술의 꽃가루를 암술로 옮겨야 하는데, 그 과정에서 전달 매체가 필요하다. 그 매체가 호랑나비다. 호랑나비는 호랑나비대로 참나리꽃에 든 꿀을 꿀통에 모아야 한다. 따라서 나비는 꽃의 신호에 따라 "활주로로 들어"오게 된다. "유도선을 더듬더듬 핥으며" 들어온 나비는 참나리꽃의 꿀을 꿀통에 넣고서는 또 다른 꽃을 향해 날아간다.

  이지우 시인이 시에서 말하는 것처럼 건강한 자연생태계는 생명체와 생명체가 경쟁관계에 있어야 하고, 기생관계에 있으며, 무엇보다 공생관계가 필요하다. 이를 위해 세계 환경단체는 지속적인 노력을 아끼지 않아야 하는데, 일부 단체의 생태운동은 말로만 부르짖는 '하울링 같은 허울'에 불과하다. 또한 인류는 산업주의와 소비주의에 길들여져 있어 많은 부산물을 강이나 바다로 배출하고 있다. 과다한 배출은 지구의 환경생태가 지속적으로 파괴된다는 것을 의미한다. 따라서 파괴된 환경생태를 복원할 대안 전망은 그리 밝지 않다.

  이 점을 인식한 이지우 시인은 '숲 해설가' 화자를 앞세워 자신만의 환경생태 시쓰기를 하고 있다. 이 시쓰기가 시인에게는 환경운동을 실천하는 기초 작업이다(「원점」). 그 실천 작업으로 홍수에 떠내려간 가래나무를 위해 '혼자만의 다비식을 치르고', 독극물에 의해 죽은 참새를 향해서도 연민 의식을 느낀다. 그런가 하면, 쓰레기들에 '풍화되고 부식되는 바다 생물체'를 위해 시인 자신도 조용히 염분의 시간을 견딘다(「부서지는 방식」, 「사라진 친구」, 「원점」). 이뿐만 아니라 상상적 체험에서 시인은 '투명한 수액으로 죽음의 시간'을 멈추게 하거나 독극물 때문에 죽은 참새에게도 백합 한 다발을 놓고 애도한다(「오류를 일으키는 눈」, 「북극곰의 하울링」).

  한번 파괴된 생태계는 쉽게 복구되지 않는다. 불가능한 일이라고 손 놓고 있을 수 없는 이지우 시인은 시에 기대어 자연 편에 선다. 우리 시사에서 시 전편이 환경생태시로만 이루어진 시집은 이 시집밖에 없을 것이다. 이지우 시인은 파괴된 자연 현장을 심상적 체험과 수많은 탐사 체험을 통해 환경생태계의 고통을 끝내 포기하지 않고 시라는 일지로 그들의 존

엄을 지켜주고 있다. 그 점에서 『부서지는 방식』은 우리 시단에 환경생태시의 한 위치를 점한다고 할 수 있다. 첫 시집의 전편을 환경생태시로 출간한 이지우 시인의 시에 거는 기대가 자못 크다. 첫 시집 출간을 박수로 축하한다.

權寧玉 | 문학평론가 · 문학박사

푸른사상 시선

1. 광장으로 가는 길 | 이은봉·맹문재 엮음
2. 오두막 황제 | 조재훈
3. 첫눈 아침 | 이은봉
4. 어쩌다가 도둑이 되었나요 | 이봉형
5. 귀뚜라미 생포 작전 | 정원도
6. 파랑도에 빠지다 | 심인숙
7. 지붕의 등뼈 | 박승민
8. 살찐 슬픔으로 돌아다니다 | 송유미
9. 나를 두고 왔다 | 신승우
10. 거룩한 그물 | 조항록
11. 어둠의 얼굴 | 김석환
12. 영화처럼 | 최희철
13. 나는 너를 닮고 | 이선형
14. 철새의 일인칭 | 서상규
15. 죽은 물푸레나무에 대한 기억 | 권진희
16. 봄에 덧나다 | 조혜영
17. 무인 등대에서 휘파람 | 심창만
18. 물결무늬 손뼈 화석 | 이종섶
19. 맨드라미 꽃눈 | 김화정
20. 그때 나는 학교에 있었다 | 박영희
21. 달함지 | 이종수
22. 수선집 근처 | 전다형
23. 족보 | 이한걸
24. 부평 4공단 여공 | 정세훈
25. 음표들의 집 | 최기순
26. 나는 지금 운전 중 | 윤석산
27. 카페, 가난한 비 | 박석준
28. 아내의 수사법 | 권혁소
29. 그리움에는 바퀴가 달려 있다 | 김광렬
30. 올랜도 간다 | 한혜영
31. 오래된 숯가마 | 홍성운
32. 엄마, 엄마들 | 성향숙
33. 기룬 어린 양들 | 맹문재
34. 반국 노래자랑 | 정춘근
35. 여우비 간다 | 정진경
36. 목련 미용실 | 이순주
37. 세상을 박음질하다 | 정연홍
38. 나는 지금 외출 중 | 문영규
39. 안녕, 딜레마 | 정운희
40. 미안하다 | 육봉수
41. 엄마의 연애 | 유희주
42. 외포리의 갈매기 | 강 민
43. 기차 아래 사랑법 | 박관서
44. 괜찮아 | 최은묵
45. 우리집에 왜 왔니? | 박미라
46. 달팽이 뿔 | 김준태
47. 세온도를 그리다 | 정선호
48. 너덜겅 편지 | 김 완
49. 찬란한 봄날 | 김유섭
50. 웃기는 짬뽕 | 신미균
51. 일인분이 일인분에게 | 김은정
52. 진뫼로 간다 | 김도수
53. 터무니 있다 | 오승철
54. 바람의 구문론 | 이종섶
55. 나는 나의 어머니가 되어 | 고현혜
56. 천만년이 내린다 | 유승도
57. 우포늪 | 손남숙
58. 봄들에서 | 정일남
59. 사람이나 꽃이나 | 채상근
60. 서리꽃은 왜 유리창에 피는가 | 임 윤
61. 마당 깊은 꽃집 | 이주희
62. 모래 마을에서 | 김광렬
63. 나는 소금쟁이다 | 조계숙
64. 역사를 외다 | 윤기묵
65. 돌의 연가 | 김석환
66. 숲 거울 | 차옥혜
67. 마네킹도 옷을 갈아입는다 | 정대호
68. 별자리 | 박경조
69. 눈물도 때로는 희망 | 조선남
70. 슬픈 레미콘 | 조 원
71. 여기 아닌 곳 | 조항록
72. 고래는 왜 강에서 죽었을까 | 제리안
73. 한생을 톡 토독 | 공혜경
74. 고갯길의 신화 | 김종상
75. 고개 숙인 모든 것 | 박노식
76. 너를 놓치다 | 정일관
77. 눈 뜨는 달력 | 김 선
78. 거꾸로 서서 생각합니다 | 송정섭

79	**시절을 털다** ǀ 김금희	120	**을의 소심함에 대한 옹호** ǀ 김민휴
80	**발에 차이는 돌도 경전이다** ǀ 김윤현	121	**격렬한 대화** ǀ 강태승
81	**성규의 집** ǀ 정진남	122	**시인은 무엇으로 사는가** ǀ 강세환
82	**번함 공원에서 점을 보다** ǀ 정선호	123	**연두는 모른다** ǀ 조규남
83	**내일은 무지개** ǀ 김광렬	124	**시간의 색깔은 자신이 지향하는 빛깔로 간다** ǀ 박석준
84	**빗방울 화석** ǀ 원종태		
85	**동백꽃 편지** ǀ 김종숙	125	**뼈의 노래** ǀ 김기홍
86	**달의 알리바이** ǀ 김춘남	126	**가끔은 길이 없어도 가야 할 때가 있다** ǀ 정대호
87	**사랑할 게 딱 하나만 있어라** ǀ 김형미	127	**중심은 비어 있었다** ǀ 조성웅
88	**건너가는 시간** ǀ 김황흠	128	**꽃나무가 중얼거렸다** ǀ 신준수
89	**호박꽃 엄마** ǀ 유순예	129	**헬리패드에 서서** ǀ 김용아
90	**아버지의 귀** ǀ 박원희	130	**유랑하는 달팽이** ǀ 이기헌
91	**금왕을 찾아가며** ǀ 전병호	131	**수제비 먹으러 가자는 말** ǀ 이명윤
92	**그대도 내겐 바람이다** ǀ 임미리	132	**단풍 콩잎 가족** ǀ 이 철
93	**불가능을 검색한다** ǀ 이인호	133	**먼 길을 돌아왔네** ǀ 서숙희
94	**너를 사랑하는 힘** ǀ 안효희	134	**새의 식사** ǀ 김옥숙
95	**늦게나마 고마웠습니다** ǀ 이은래	135	**사북 골목에서** ǀ 맹문재
96	**버릴까** ǀ 홍성운	136	**왜 네가 아니면 전부가 아닌지** ǀ 정운희
97	**사막의 사랑** ǀ 강계순	137	**멸종위기종** ǀ 뭔풍대
98	**베트남, 내가 두고 온 나라** ǀ 김태수	138	**프엉꽃이 데려온 여름** ǀ 박경자
99	**다시 첫사랑을 노래하다** ǀ 신동원	139	**물소의 춤** ǀ 강현숙
100	**즐거운 광장** ǀ 백무산·맹문재 엮음	140	**목포, 에말이요** ǀ 최기종
101	**피어라 모든 시냥** ǀ 김자흔	141	**식물성 구체시** ǀ 고 원
102	**염소와 꽃잎** ǀ 유진택	142	**꼬치 아파** ǀ 윤임수
103	**소란이 환하다** ǀ 유희주	143	**아득한 집** ǀ 김정원
104	**생리대 사회학** ǀ 안준철	144	**여기가 막장이다** ǀ 정연수
105	**동태** ǀ 박상화	145	**곡선을 기르다** ǀ 오새미
106	**새벽에 깨어** ǀ 여국현	146	**사랑이 가끔 나를 애인이라고 부른다** ǀ 서화성
107	**씨앗의 노래** ǀ 차옥혜	147	**더글러스 퍼 널빤지에게** ǀ 백수인
108	**한 잎** ǀ 권정수	148	**나는 누구의 바깥에 서 있는 걸까** ǀ 박은주
109	**촛불을 든 아들에게** ǀ 김창규	149	**풀이라서 다행이다** ǀ 한영희
110	**얼굴, 잘 모르겠네** ǀ 이복자	150	**가슴을 재다** ǀ 박설희
111	**너도꽃나무** ǀ 김미선	151	**나무에 기대다** ǀ 안준철
112	**공중에 갇히다** ǀ 김덕근	152	**속삭거려도 다 알아** ǀ 유순예
113	**새점을 치는 저녁** ǀ 주영국	153	**중딩들** ǀ 이봉환
114	**노을의 시** ǀ 권서각	154	**수평은 동무가 참 많다** ǀ 김정원
115	**가로수의 수학 시간** ǀ 오새미	155	**황금 언덕의 시** ǀ 김은정
116	**염소가 아니어서 다행이야** ǀ 성향숙	156	**고요한 세계** ǀ 유국환
117	**마지막 버스에서** ǀ 허윤설	157	**마스카라 지운 초승달** ǀ 권위상
118	**장생포에서** ǀ 황주경	158	**수궁가 한 대목처럼** ǀ 장우원
119	**흰 말채나무의 시간** ǀ 최기순	159	**목련 그늘** ǀ 조용환

160 **그대라면, 무슨 부탁부터 하겠는가** | 박경조
161 **동행** | 박시교
162 **광부의 하늘이 무너졌다** | 성희직
163 **천년에 아흔아홉 번** | 김려원
164 **이별 후에 동네 한 바퀴** | 이인호
165 **무릉별유천지 사람들** | 이애리
166 **오늘의 지층** | 조숙향
167 **오른쪽 주머니에 사탕 있는 남자 찾기** | 김임선
168 **소리들** | 정 온
169 **울음의 기원** | 강태승
170 **눈 맑은 낙타를 만났다** | 함진원
171 **도살된 황소를 위한 기도** | 김옥성
172 **그날의 빨강** | 신수옥
173 **의지와 표상으로서의 세계이니** | 박석준
174 **촛불 하나가 등대처럼** | 윤기묵
175 **목을 꺾어 슬픔을 죽이다** | 김이하
176 **미시령** | 김 림
177 **소나무 방정식** | 오새미
178 **골목 수집가** | 추필숙
179 **지워진 길** | 임 윤
180 **달이 파먹다 남은 밤은 캄캄하다** | 조미희
181 **꽃도 서성일 시간이 필요하다** | 안준철
182 **안산행 열차를 기다린다** | 박봉규
183 **읽기 쉬운 마음** | 박병란
184 **그림자를 옮기는 시간** | 이미화
185 **햇볕 그 햇볕** | 황성용
186 **내가 지켜내려 했던 것들이 나를 지키고** | 김용아
187 **신을 잃어버렸어요** | 이성혜
188 **웃음과 울음 사이** | 윤재훈
189 **그 길이 불편하다** | 조혜영
190 **귤과 달과 그토록 많은 날들 속에서** | 홍순영
191 **버려진 말들 사이를 걷다** | 봉윤숙
192 **나는 그를 지우지 못한다** | 정원도
193 **시인 안에 북적이는 찌꺼기들** | 최일화
194 **세렝게티의 자비** | 전해윤
195 **고양이의 저녁** | 박원희
196 **고요한 세상의 쓸쓸함은 물밑 한 뼘 어디쯤일까** | 금시아
197 **순포라는 당신** | 이애리
198 **고요한 노동** | 정세훈
199 **별** | 정일관
200 **시간의 색깔은 꽃나무처럼 환하다** | 백무산 · 맹문재 엮음
201 **꽃에 쏘였다** | 이혜순
202 **우수와 오수 사이** | 이 윤
203 **열렬한 심혈관** | 양선주
204 **머문 날들이 많았다** | 박현우
205 **죄의 바탕과 바닥** | 강태승
206 **곰팡이도 꽃이다** | 윤기묵
207 **지팡이는 자꾸만 아버지를 껴입어** | 이혜민
208 **진뫼 오리길** | 김도수
209 **연하리를 닮다** | 정유경
210 **체위에 관한 질문** | 박미현
211 **고 씨의 평미레** | 이주희
212 **숲속 헌책방에서** | 강최현숙

부서지는 방식

이지우 시집